| すぐに役立つ | 入門図解 |

これだけは知っておきたい！
建築基準法
のしくみ

弁護士
木島 康雄 [監修]

三修社

本書に関するお問い合わせについて

　本書の記述の正誤に関するお問い合わせにつきましては、お手数ですが、小社あてに郵便・ファックス・メールでお願いします。大変恐縮ですが、お電話でのお問い合わせはお受けしておりません。内容によっては、お問い合わせをお受けしてから回答をご送付するまでに1週間から2週間程度を要する場合があります。

　なお、本書でとりあげていない事項についてのご質問、個別の案件についてのご相談、監修者紹介の可否については回答をさせていただくことができません。あらかじめご了承ください。

はじめに

建築基準法は、建築物の敷地や構造、設備および用途に関する最低の基準を定めている法律であり、国民の生命や健康、財産の保護を図ることを目的としています。

建築基準法は、昭和25年（1950年）に制定された法律ですが、地震、台風などの災害や社会情勢の変化、建築技術の進歩などにあわせて、時代の要請に即した改正が幾度も行われています。

本書では、難解な建築基準法について、「基本事項や全体像を知っておきたい」と思っている、法律になじみのない人を主な対象として、「建築物」や「住環境」などの法律上の規定を理解するための用語や基本事項などをできるだけ平易に解説することを心がけました。

第1章では、「建築物」「敷地」「地盤面」「階数」といった建築基準法独特の用語の定義や「建築確認」などをとりあげ、第2章では、敷地や道路といった土地のあり方から、地域に応じて建築物の用途や高さ、密度などの都市計画区域内の規制について解説しました。

第3章では、建築物の安全性に欠かすことのできない防火対策について、第4章では、建築物から安全に避難するための「避難施設」について解説しました。第5章では、構造的な建物の分類方法を概観し、それらで求められる仕様規定や構造計算の種類について解説し、第6章では、建築設備、採光、換気、シックハウスなどの、建築物の環境性能を高めるための様々な規定についてとりあげています。

この他、7章では、建築協定や防災対策などの「街づくり」について解説しました。8章では、建築確認、増改築、違法建築などについてのＱ＆Ａを掲載しています。

また、本書は、近年の主な法改正に対応しており、構造規制の合理化や建築物の規模の見直しなどを定めた建築基準法等の最新の法改正（令和7年4月施行予定）についても説明しています。

皆様のお役に立つことができましたら幸いです。

監修者　弁護士　木島　康雄

Contents

はじめに

第1章　建築基準法の全体像

1 建築基準法の目的について知っておこう　10

2 建築基準法に関連する法律について知っておこう　12

3 建築物について知っておこう　14

4 建築基準法はどんな建築物に適用されるのか　17

5 建築物の敷地について知っておこう　24

6 地盤面および軒の高さについて知っておこう　26

7 建築物の階数について知っておこう　28

8 建築確認について知っておこう　30

9 建築確認を受けるための手続きについて知っておこう　33

　　資　料　建築計画概要書　39

10 建築物の安全性をチェックする機関について知っておこう　45

11 建築工事に関する届出や報告について知っておこう　49

12 特定行政庁について知っておこう　51

13 違反建築物に対する措置や罰則について知っておこう　53

14 建築士、建設業者の役割について知っておこう　56

　　Column　建築物の基礎について　58

第2章　都市計画区域内における規制

1 建築基準法上の道路について知っておこう　60

2	道路に関する建築基準法上の規制について知っておこう	65
3	建物を建築することが許されている区域かどうかを確認する	68
4	用途地域について知っておこう	70
5	建物が建てられる面積について知っておこう	76
6	建築物の高さの制限について知っておこう	82

第3章　防火対策

1	建築物の防火について知っておこう	90
2	防火地域・準防火地域について知っておこう	92
3	防火設備と防火区画について知っておこう	96
4	耐火建築物と準耐火建築物について知っておこう	101
5	準防火地域内の木造建築物の防火措置について知っておこう	106
6	防火材料の基準について知っておこう	108
7	特殊建築物の防火措置について知っておこう	110
8	大規模木造建築物等の防火措置について知っておこう	112
9	内装材の使用制限について知っておこう	114
	資料　耐火建築物又は準耐火建築物としなければならない特殊建築物	117
	Column　複合日影の問題について	118

第4章　避難施設

1	避難施設について知っておこう	120

2 避難階段と特別避難階段の設置について知っておこう　127

3 建築物に設置する必要がある非常用の設備について知っておこう　131

4 排煙設備の設置について知っておこう　134

5 避難安全検証法について知っておこう　137

　　資料　避難安全性能を確かめることにより適用が除外される避難関係規定　139

Column　現地調査を怠ってはいけない　140

第5章　構造強度

1 建築物の構造基準について知っておこう　142

2 建築物の構造計算について知っておこう　147

3 建築物の構造設計について知っておこう　152

4 木造建築の構造規定について知っておこう　155

5 鉄筋コンクリート造の建築物について知っておこう　160

第6章　建築物の室内環境保護

1 建築設備について知っておこう　164

2 居室の採光や換気等に関する規制について知っておこう　174

3 居室の天井、床、界壁についての規定を知っておこう　183

4 地階について知っておこう　187

5 シックハウスやアスベスト対策について知っておこう　189

6 階段について知っておこう　193

Column　建築基準法と消防法の関係　196

第7章　街づくり・住環境

1　環境整備について知っておこう　198

2　環境整備のための様々な制度について知っておこう　201

3　地区計画について知っておこう　204

4　建築協定について知っておこう　206

5　津波防災地域づくりに関する法律について知っておこう　209

Column　住宅の買主を保護するための法律　212

第8章　Q&Aでわかる！ 建築基準法をめぐるその他の法律問題

1　家屋の再築を検討していますが、敷地が幅員1m程度の通路しか公道に接していないため、隣地の一部を通行する形での建築確認申請はできますか。　214

2　隣地に違法建築の疑いがある建物が建設される予定であることを知りました。違法建築を阻止する方法はあるのでしょうか。　215

3　隣地の購入者が、建ぺい率が建築基準法に違反する建物の新築を計画しているようです。役所に建築確認をしないように請求することはできるのでしょうか。　216

4　他人の私道を含めて自宅の建築確認を受けたため、私道の所有者から建築確認の取消訴訟を提起されましたが、この訴えは認められるのでしょうか。　217

5　建物の増改築を行う際に、どのような法律上の規制を受けるのでしょうか。　218

6　建築確認に不満がある場合には、どのような法的手段で争うことができますか。　220

7 新築した家で、夫婦共にシックハウス症候群による体調不良で悩まされています。建築業者に損害賠償を請求できるでしょうか。　　221

8 自宅の横に高層ビルが建築されたため、日当たりが悪くなり困っています。住民には日照権があると聞きましたが、どのような権利なのでしょうか。　　222

第1章
建築基準法の全体像

　この章では、まず、建築基準法と密接な関係にある他の関連法規と共に、建築基準法がどのような構成になっているのか概要を見ていきます。
　建築基準法独特の用語の定義や、特定行政庁といった建築に関わる行政の定義、建築確認といった建物を建てる前に必ず必要な申請行為についても説明しています。
　まずは建物を建てる際の法規制である建築基準法の骨組みを把握していきましょう。

1 建築基準法の目的について知っておこう

建築物の様々な事項について最低の基準を規定した法律である

■■ どんなことを規定している法律なのか

　建築物は、他人の土地や建築物、道路などに隣接するものであり、不特定多数の人が利用することもあるものです。そのため、何の制限もなく建築物を自由に建築してよいとすると、その建築物を利用している人や周囲の人などに様々な危険や不便をもたらすことになってしまいます。

　建築基準法は、この点を考慮し、社会全体の利益を損ねないように、建築物の敷地や構造、設備および用途に関する最低の基準を定めている法律であり、それによって国民の生命や健康、財産の保護を図ることを目的としています。

　たとえば、建築基準法では、建築物の敷地や建築物自体の安全などを確保するための様々な制限などを定めています。また、一定の地域の環境を守るために、道路に関する規定や用途地域内の建築物に関する規定、建築物の容積率や建ぺい率、高さなどに関する制限も定めています。その他にも、構造計算に関する規定や、建築基準法の規定に違反した場合の罰則などを定めています。

　なお、建築基準法の条文の中には、「政令で定める」「国土交通省令で定める」といった文言が多数見られ、詳細な内容については建築基準法の中ではなく、政令や国土交通省令に規定しています。ここでいう「政令」とは、建築基準法施行令のことであり、「国土交通省令」とは、建築基準法施行規則のことです。

■■ 建築基準法はどんな構造になっているのか

　建築基準法の規定は、「制度規定」と「実体規定」に分類できます。

　制度規定とは、建築基準法内に出てくる用語の定義や建物を建てる際の手続きの他、建築に関係する資格の検定機関、建築審査会、罰則などの規定のことです。

　これに対し、実体規定とは、建築物の敷地や構造、設備、用途など建築物に直接関係する規定のことです。実体規定は、さらに「単体規定」と「集団規定」に大別されます。実体規定のうち、「単体規定」とは、建築物一つひとつについて遵守すべき最低限の基準に関する規定のことです。屋根や防火壁、居室の採光・換気、便所、電気設備など、建築物がどこに建てられるのかに関係なく、単体としての建築物それ自体の安全を守ることを目的として、様々な基準が設けられています。

　これに対し、実体規定のうち、「集団規定」とは、その建築物が建築される周辺地域との関係で遵守すべき基準に関する規定のことです。敷地と道路の関係や建築物の用途、用途地域（70ページ）ごとの建ぺい率や容積率の最低基準などが定められています。

　単体規定は全国のどこに建てられる建築物であっても同様に適用されるのに対し、集団規定は、条例による制限を除き、都市計画区域（32ページ）・準都市計画区域内に建てられる建築物のみに適用されます。

■ 建築基準法の目的

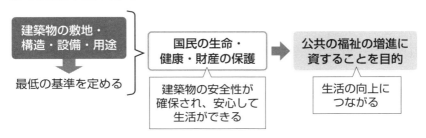

2 建築基準法に関連する法律について知っておこう

様々な法律が建築物に関連している

■■ 細かな手続きについては政令や省令などで規定している

　建築基準法には建築物に関する様々な規定が置かれていますが、すべての規定が同法に置かれているかというとそうではありません。建築基準法の条文の中には、「政令で定める」「国土交通省令で定める」といった文言が多数見られます。このように、建築基準法の条文では規定しきれない細かい手続きなどの詳細については、政令や国土交通省令といった別の法令で定めています。

　建築基準法関係の法規でいう政令とは、建築基準法施行令、省令とは建築基準法施行規則、告示とは国土交通省告示のことです。

■■ 確認申請や検査などで必要になる関連法律

　建築物を建築する際には、その建築物が法令にのっとって建築されているかを判断するために、確認申請や検査といった手続きを経る必要があります。その際、建築基準法や建築基準法施行令などが基準とされることはもちろんですが、この他にも建築基準法施行令9条に定められた法律（消防法、駐車場法、水道法、下水道法、宅地造成および特定盛土等規制法、都市計画法、特定都市河川浸水被害対策法など）が確認申請や検査の基準となります。これらの法律は「建築基準関係規定」と呼ばれます。

　他にも、高齢者、障害者等の移動等の円滑化の促進に関する法律（通称バリアフリー法）や都市緑地法、建築物のエネルギー消費性能の向上に関する法律も建築基準関係規定に含まれます。バリアフリー法では、高齢者、障害者などが利用する特定建築物の建築基準を規定

しています。

■■ 建築基準関係規定以外にも様々な関連法がある

建築基準関係規定以外にも建物の建築に関わる以下のような規制があります。

・**学校教育法や幼稚園設置基準など**
特定の用途の建築物の基準を規定しています。
・**食品衛生法、公衆浴場法、風俗営業関連規制など**
営業許可を必要とする店舗等の建築物の基準を規定しています。
・**消防法、火薬類取締法など**
建築物の防火安全や火薬類などの危険物の取扱いについて規定しています。
・**住宅品確法や特定住宅瑕疵担保責任履行確保法**
住宅の安全の確保のため、新築住宅についての瑕疵担保責任や欠陥補償のための保険加入といった事項について規定しています。
・**耐震改修促進法**
建築物の耐震化を促進するための方針などが定められています。

■ 建築基準法の関連法律

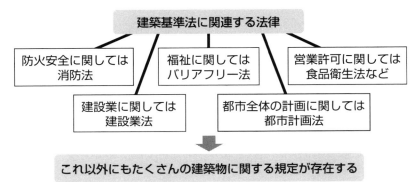

3 建築物について知っておこう

「建築物」は物体、「建築」は人の行為を指す

建築物と建築

建築物に関する法令の中には、「建築物」と「建築」という言葉が多数出て来ます。この２つは日常的には同義語のように扱われることもありますが、法令上では明確に区別されています。

まず、建築物とは、建築基準法２条１項の規定によると「土地に定着する工作物のうち、屋根及び柱若しくは壁を有するもの」とされています。つまり、物体そのものを指すということです。

一方、建築とは、同法２条13項の規定によると「建築物を新築し、増築し、改築し、または移転すること」、つまり建築物に対して人がする行為のことをいいます。同法に規定された建築物の基準等についての検査は、その要件に応じて建築も建築物も受けることになるわけですが、違反が認められた場合に処罰を受けるのは建築という行為をした人（もしくは法人）だけです。

建築と建築物はどう違う

建　築		建築物
建築物を作る人間の行為を指す		人が作ったものそのものを指す。人が作ったわけではない自然の洞窟などは「建築物」にはならない
法律では、「〜を建築してはならない」といった文言によって、建築という行為が規制される		建築物に該当するかどうかによって、建築基準法による規制の対象となるかどうかが分かれる

■■ 建築物とされるための要件は

　建築基準法2条1号では、同法において「建築物」として扱うもの
を、「土地に定着する工作物」のうち、次のいずれかに該当するもの
と定めています。
① 屋根および柱または壁を有するもの（これに類する構造のものを
　 含む）
② ①に附属する門または塀
③ 観覧のための工作物
④ 地下または高架の工作物内に設ける事務所、店舗、興行場、倉庫
　 その他これらに類する施設
⑤ ①～④に付設された建築設備
　つまり、移動できるキャンピングカーなどは対象外になりますが、
屋根のないスポーツ競技場や地下街、一定の場所に固定し、倉庫とし
て利用されているコンテナなど、土地に定着され、人が長時間利用で
きる機能を持つ人工物であれば、「建築物」として扱われると考えて
よいことになります。

■■ 特殊建築物とは

　建築基準法2条2号では、次のような建築物を「特殊建築物」と定

■ 建築の種類 ……………………………………………………

4種類の建築			
新築	**増築**	**改築**	**移転**
更地の上に新しく建物を建てること	同じ敷地内の建物の床面積を増やすこと	既にある建物を取り壊して、以前と大きく異ならない建物を建てること	同一の敷地内で建物の位置を移動させること

第1章 ◆ 建築基準法の全体像　15

め、一般の建築物とは別に建築基準を設定しています。防災面で特に配慮が必要な建築物が特殊建築物と呼ばれています。不特定多数の人が集まる建築物、教育・文化・スポーツに関する建築物、商業・サービスに関する建築物などが特殊建築物になります。

① 学校（専修学校および各種学校を含む）
② 体育館
③ 病院
④ 劇場、観覧場
⑤ 集会場、展示場
⑥ 百貨店、市場
⑦ ダンスホール、遊技場
⑧ 公衆浴場
⑨ 旅館
⑩ 共同住宅、寄宿舎、下宿
⑪ 工場、倉庫、自動車車庫
⑫ 危険物の貯蔵場
⑬ と畜場
⑭ 火葬場
⑮ 汚物処理場
⑯ その他これらに類する用途に供する建築物

■ 建築物とは

建築物となるための要件

・土地に定着する工作物であること　・屋根に加えて柱か壁があること

建築物にならないもの

├ 自動車→移動できるので、土地に定着しているわけではない
└ 自然にできた洞窟→人が作った工作物とはいえない

4 建築基準法はどんな建築物に適用されるのか

文化財など一定の建築物には適用されない

■■ 建築基準法が適用される建築物とは

　建築基準法は、日本国内のすべての建築物に適用されます。ただし、一部の建築物については、建築基準法法の全部または一部の内容が適用されないことになっています。

■■ 適用されない建築物について

　建築基準法の全部または一部が適用されない建築物は以下の5種類です。

---

　①既存不適格建築物（同法3条2項）、②文化財建築物（同法3条1項）、③保護建築物（同法85条の2、85条の3）、④簡易構造建築物（同法84条の2）、⑤仮設建築物（同法85条）

　このうち②については建築基準法の全部の内容が適用されません。①③④⑤については、同法の一部の内容が適用されないことになります。

■■ 既存不適格建築物

　建築基準法の改正や、命令・条例に基づく規定が変更された場合には、それ以前にはそれらの規定に適合していた建築物が、規定に適合しなくなる事態が起こりえます。しかし、過去にさかのぼって法律を適用するわけにはいきませんから、それ以前にはそれらの規定に適合していた建築物については既得権を認め、改正後の法律等の規定に適合していなくても合法建築物とみなします。このような建築物のこと

第1章 ◆ 建築基準法の全体像　17

を、既存不適格建築物といいます。

　当然のことですが、法律改正等の以前から規定に適合せずに法律に違反していた建築物は、既存不適格建築物とは認められません。従来から既存不適格建築物と認められていたものについては、そのまま認められます。都市計画法の地域・地区の変更があった場合も、既存不適格建築物の対象になります。

　法律改正等により規定に適合しなくなった開始時点を基準時といいます。法律改正等によって規定が変更された時点で既に存在していた建築物と、その時点で建築（増築・改築を含む）中、修繕中、模様替え中だった建築物との両方が、既存不適格建築物として認められます。

　規定が変更されて既存不適格建築物になった後に工事に着手した増改築や大規模な修繕、大規模な模様替えに関しては、それらの工事によって完成した建築物は既存不適格建築物としては認められません。この場合、増改築等を行った部分だけでなく、建物全体が規定に適合するようにしなければなりません。

　ただし、増改築や修繕、模様替えが軽微なものにとどまる場合は、規定に適合しないままであっても、既存不適格建築物として認められます。「軽微」の基準は政令で定められています。

　また、複合的な建築物など、建物について別の建築物とみなすことができる独立部分が２つ以上ある場合には、一部の規定については、

■ 既存不適格建築物とは ……………………………………

既存不適格建築物

建物自体は
変わっていない

建築当時は適法な建築物　　改正法には適合しない建築物になる

法改正
（基準時）

増改築等を行う独立部分だけがそれらの規定に適合していればよいことになっています。どのような場合に独立部分として扱うかについては、政令で定められています。

なお、特定行政庁（51ページ）が全体計画認定を行った場合に限られますが、増改築等の工事を2回以上に分けて、その最終の工事が完了した時点で規定に適合していればよい、という段階的に改正後の建築基準法に適合させていく制度も認められています。

▉▉ 文化財や保護建築物

文化財建築物には建築基準法は一切適用されません。文化財建築物には次の4種類があります。

① 文化財保護法で、国宝、重要文化財、重要有形民俗文化財、特別史跡名勝天然記念物、史跡名勝天然記念物として指定等がされた建築物
② 旧重要美術品等の保存に関する法律で重要美術品等として認定された建築物
③ 条例によって現状変更の規制や保存の措置がとられている「保存建築物」のうち、建築審査会が同意し、特定行政庁が指定したもの
④ 上記の①②や保存建築物の原形を再現する建築物のうち、その原

■ 既存不適格建築物の増改築 ……………………………………

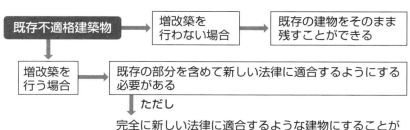

第1章 ◆ 建築基準法の全体像　19

形の再現はやむを得ないと建築審査会が同意し、特定行政庁が認め
たもの

　保護建築物には、景観法で景観重要建造物と指定された建築物と、
文化財保護法で伝統的建造物群保存地区と定められた地区内の建築物
との2種類があります。
　保護建築物については、市町村は、必要な場合等に、国土交通大臣
の承認を得た上で、各規定の適用を除外したり、制限を緩和すること
ができます。対象となる規定には、屋根や外壁の構造、採光・換気、
容積率・建ぺい率、防火地域の建築物、などがあります。

■■ 簡易構造建築物

　簡易構造建築物には、開放的簡易建築物と帆布建築物とがあります。
　開放的簡易建築物とは、壁のない建築物など、高い開放性を有する
建築物または建築物の一部分であり、1階建てで、床面積が3,000㎡
以内で、間仕切り壁のないものです。他にも一定の基準に合致しなけ
ればなりません。建物の用途は以下の4つに限定されます。

---

①自動車車庫、②スケート場、水泳場、スポーツの練習場等の運
動施設、③不燃品の物品の保管やそれと同等以上に火災発生の
危険性のない用途、④畜舎、堆肥舎、水産物の増殖場・養殖場

　なお、自動車車庫の場合、1階建ての屋上部分に駐車することは可
能です。
　帆布建築物とは、屋根と外壁が帆布などの材料で作られている建築
物または建築物の一部分であり、1階建てで、床面積が3,000㎡以内で、
間仕切り壁のないものです。他にも一定の基準に合致しなければなり
ません。用途は、開放的簡易建築物の場合の②③④に限定されます。

なお、開放的簡易建築物、帆布建築物のいずれにおいても、建築物の一部分の場合は、準耐火構造の壁等で区画された部分に限られます。
　簡易構造建築物については、建築基準法の防火規定の一部の適用が除外されます。

■ **簡易構造建築物の構造基準**

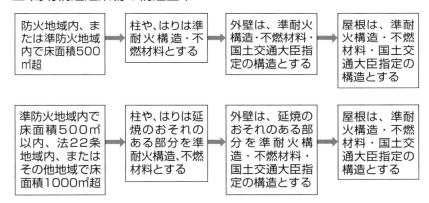

■ **開放的簡易建築物の構造基準**

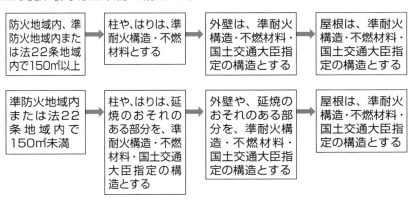

■■ 仮設建築物

　仮設建築物には、①非常災害の際の一般の応急仮設建築物、②災害の際の公益上必要な応急仮設建築物、③工事を施工するための仮設建築物、④一般の仮設建築物、があります。

①　非常災害の際の一般の応急仮設建築物

　非常災害（地震や洪水等の自然災害など、日常的には発生しない突発的な事象により発生する災害）が発生した際に、特定行政庁が指定する区域内では、災害発生日から1か月以内に工事を開始する場合、災害によって壊れた建築物の修繕や一般の応急仮設建築物の建築に際しては、建築基準法の規定は適用されません。ただし、防火地域内に建築する場合は例外となります。

　一般の応急仮設建築物には、ⓐ国、自治体、日本赤十字社が災害救助のために建築する建築物と、ⓑ被災者が自分で使用するために建築する延べ面積30㎡以内の建物、があります。

②　災害が発生した際に建築する停車場、官公署等の公益上必要な応急仮設建築物について

　建築基準法の一部の規定は適用されません。適用除外となる規定には、建築の申請や確認、中間検査、完了検査、敷地の衛生・安全、屋根・外壁、建築材料の品質、災害危険区域、および都市計画区域関連（同法第3章）などがあります。ただし、防火地域・準防火地域内にある延べ面積50㎡超の建築物については、都市計画区域関連の規定のうち屋根の規定（同法63条）は適用除外とはなりません。

　なお、①②の応急仮設建築物については、建築後3か月間を超えて建築物を存続させる場合、その超える日よりも前に特定行政庁の許可を受けなければなりません。特定行政庁は、安全上、防火上、衛生上の支障がないと判断する場合は、2年以内の期間、存続を許可できます。

③　工事を施工するために現場に設置する事務所、下小屋、材料置場等の仮設建築物

建築基準法の一部の規定は適用されません。適用除外となる規定は、②の公益上必要な応急仮設建築物の場合と同じです。また、それ以外に政令の規定の一部も適用除外となります。

④ 仮設興行場、博覧会建築物、仮設店舗等の一般の仮設建築物

特定行政庁は、安全上、防火上、衛生上の支障がないと判断する場合は、1年以内の存続期間を指定して、建築を許可できます。建て替え工事の際に営業を継続するために工事期間中必要となる仮設店舗等の仮設建築物については、特定行政庁が施工上必要と判断する期間を指定して、建築を許可できます。これらの仮設建築物については、報告・検査等の一部、屋根・外壁、便所、および都市計画区域関連の規定（同法第3章）などが適用除外となります。また、それ以外に政令の規定の一部も適用除外となります。

■ 仮設建築物について

非常災害があった場合の応急仮設建築物	国や赤十字社などが災害救助のために建築するもの 被災者が自ら使用するために建築するもので延べ面積が30㎡以内のもの
災害時に公益上必要な応急仮設建築物	官公署、駅、郵便局など
工事用現場事務所など	下小屋、資材置場、工事用の現場事務所など
一般の仮設建築物	仮設興業場や仮設店舗など

これらの建築物は、建築基準法の全部の規定、あるいは一部の規定の適用が除外される

第1章 ◆ 建築基準法の全体像

5 建築物の敷地について知っておこう

1つの敷地には1つの建築物が存在する

■■ 建築基準法上の敷地とは

　敷地とは、基本的には、1つの建築物が存在するひとかたまりの土地のことです。2つ以上の建築物が存在する土地は、建築物ごとに別々の敷地とみなされます。ただし、2つ以上の建築物が存在する土地の場合でも、それらの建築物の用途が不可分（分けられない）の関係にあるときは、1つの敷地とみなします。

　建築物の用途が不可分の関係にある例としては、住宅と物置、学校における教室棟と講堂などがあります。逆に、病院における病棟と職員寄宿舎などの用途は可分だとみなされます。

■■ 敷地に関する規定にはどんなものがあるのか

　建築基準法では、敷地の衛生と安全に関して以下の4点が定められています。

① 　敷地は、接している道路との境界よりも高くなければなりません。また、建築物の地盤面は、接している周囲の土地よりも高くなければなりません。ただし、排水に問題がない場合や湿気防止の必要がない場合は、例外が認められます。

② 　湿潤な土地や、出水の可能性の高い土地、ごみなどを埋め立てた土地の場合は、盛土、地盤改良などを行わなければなりません。

③ 　汚水や雨水を排出・処理するための下水（雨水）管、下水（雨水）溝、ためますなどを設置しなければなりません。

④ 　がけ崩れなどのために建築物が被害を受ける危険性がある場合は、土留めのための壁（擁壁）などを設置しなければなりません。

■■ 敷地面積について

　敷地面積とは、敷地の水平投影面積（土地や建物を真上から見たときの面積）のことです。敷地は、平坦なものばかりではなく、傾斜や凹凸がある場合もあります。水平投影面積は、このような傾斜や凹凸を考慮しないで、土地や建物が水平であるとみなして算定します。

　通常は、隣地境界線と道路境界線で囲まれた範囲内での水平投影面積が、敷地面積となります。4m以下の細い道路に面している土地の場合、道路中心線から2mの部分は敷地面積として算入されません。また、建物から見て道路の反対側が崖や川で、それ以上道路を広げることができない場合には、反対側の道路境界線から4mの部分は敷地面積として算入することができません。

　原則として、1つの建物が建っているひとかたまりの土地が、1つの敷地となります。ただし、複数の建物が建っている土地でも、それぞれの建築物が不可分な用途で用いられている場合には、複数の建物が建っている土地の全体が1つの敷地となります。

　なお、第2章で解説しますが、都市計画区域内の建築物の敷地には、原則として幅員（道路の幅のこと）4m以上の道路が2m以上接している必要があります。また、敷地の上で人が生活することになるので、敷地は衛生的で安全なものにしなければなりません。そのために前述した4点の措置を講じるように定められています。

■ 建築物の用途が不可分の関係にあるとき

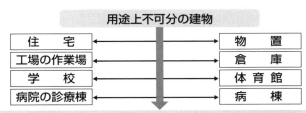

第1章　建築基準法の全体像

6 地盤面および軒の高さについて知っておこう

地盤面は建築物の高さを図るための基準面である

■ 地盤面とは

建築物の高さを測る際、問題となるのがどこからどこまでを建築物の高さとするのかという点です。特に、建築物の接地部分が斜面に面している場合には、高低差があるため、この内のどこを高さ測定の始点にするか決めなければなりません。斜面に立つ建築物の接地面の高低差における平均の位置を「地盤面」といいますが、これが建築物の高さを測る際の始点となります（ただし、82ページで説明する道路斜線の規定による高さの算定には、道路中心線からの高さとなります）。

■ 地盤面とは

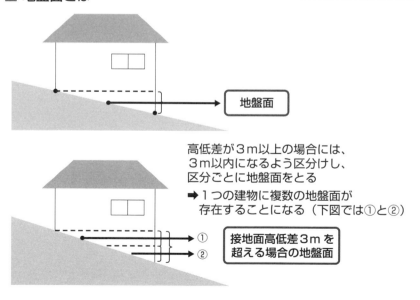

たとえば、斜面に立つ建物の接地部分の高低差が３ｍある場合には、ちょうど真ん中の1.5m地点が地盤面となり、そこからこの建物の高さが測定されることになります。

　地盤面の基準について、少しややこしいのが「接地部分の高低差が３ｍを超える場合」です。この場合には、「３ｍごと」に地盤面があると考えることになります。つまり、複数の地盤面があると見るわけです。

■■ 軒の高さ（軒高）について

　「軒の高さ（軒高）」とは、地盤面から建築物の小屋組や横架材を支える壁や柱の上端までの高さのことです。柱の他にも、横架材を支える壁などを測定対象とすることもあります。

　木造建築物の場合には地盤面から敷桁上端（柱の上部を連結しているけたの上端）まで、鉄筋コンクリートや鉄骨造の建物では地盤面から最上階のはりの上端までの高さが軒の高さになります。

　なお、例外として、「地盤面」に代わり前面道路の路面の中心から軒高を算定する場合もあります。

■ 軒の高さについて

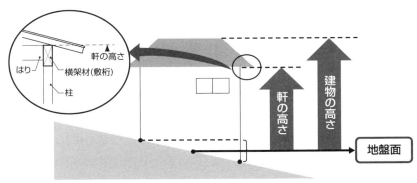

7 建築物の階数について知っておこう

建築基準法では地階も含めて階数を算定する

■■ 階数とは

　階数は、日常的には、建築物の規模を表す際に「〜階建ての建物」というような使われ方をしています。しかし、建築基準法における「階数」とは、このような日常的な意味とは少し異なるため注意が必要です。

　一般に用いられる「階数」という言葉の用法（階数の数え方）と比べて、建築基準法上の「階数」という言葉で意味合いが異なる点は、建築基準法上の階数は「地上階と地階の合計」であるということです。地階とは地下の階層のことですが、地階と地上階を合わせた数が建築物の「階数」となります。

　このように、一般には、地上階の部分だけを指して「何階建て」という表現が用いられることがありますが、建築基準法では地階を合わせて算定するということになります。

■■ どのように数えるのか

　建築基準法では、階数は地階と地上階を合計して数えます。たとえば、地上5階、地下2階の建物は、「階数7の建築物」ということになります。

　建築物の構造が特殊（吹き抜けなど）な場合などにおいては、最大の部分の階数がその建物の階数とされます。ホテルや大規模なショッピングセンターなどで見られるような2階層・3階層、あるいはそれ以上にわたって吹き抜けが設けられているような建築物は、吹き抜け部分で階数を数えるのではなく、最大部分の階数がこの建物の階数と

なります。つまり、2階層分の吹き抜け構造は階数1ではなく階数2と数えるのです。また、屋上のペントハウス・物見塔などや、地階の倉庫・機械室などの水平投影面積が、その建築物の建築面積の8分の1以下の場合は階数に算入されないことになっています。

なお、階数に算入されないペントハウス・物見塔・地階の倉庫なども、延べ面積には算入されます。

■ **階数について**

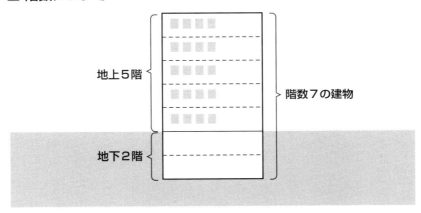

■ **階数の数え方**

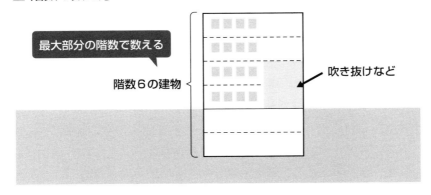

8 建築確認について知っておこう

一定の規模以上の建築物を建築する際には建築確認が必要になる

■■ 建築確認とは

建築確認とは、建築物や工作物などが建築基準法や建築物を建てる際の様々な規制を守っているかどうかを、建築物を建てる前に行政が事前にチェックをする制度です。原則として、建築確認を受けた後でなければ建築工事を開始することができません（建築確認不要の建物については34ページ図参照）。

建築確認は、建物の工事に着手する前に「建築主」が申請することで行われます。「建築主」とは、建築物に関する工事の請負契約の注文者のことです。

建築確認は、建築主事や指定確認検査機関が行います。建築主事には、建築基準適合判定資格者で登録者のうち、都道府県知事や市町村長により任命された地方公共団体の職員がなります。また、指定確認検査機関とは、国や都道府県の指定を受け、建築確認ができる民間の団体のことです。都道府県は建築主事を置かなければなりません。

都道府県以外の地方公共団体も、政令で指定する人口25万人以上の都市であれば建築主事を置かなければなりません。また、それ以外の市町村は、任意で建築主事を置くことができますが、この場合には、建築主事の設置について都道府県知事の同意を得る必要があります。

■■ どんな建築物が対象になるのか

建築確認が必要になる建築物には、以下のものがあります。

① 一定規模、用途の特殊建築物（1号建築物）

学校、体育館、病院、劇場、観覧場、集会場、展示場、百貨店など

の用途に用いる建物のことを特殊建築物といいます。この中でも特に耐火性が必要な特殊建築物については建築基準法別表第1に定められており、そのような用途に用いる床面積の合計が200㎡を超える場合には、建築確認が必要になります。

② **大規模な木造の建築物（2号建築物）**

木造の建築物のうち、階数（28ページ）が3以上である建物、延べ面積が500㎡を超える建物、高さが13mを超える建物、軒の高さが9mを超える建物は、建築確認が必要になります。

③ **木造以外の建築物（3号建築物）**

木造以外の建築物で、階数が2以上の建物か、延べ面積が200㎡を超える建物の場合には建築確認が必要になります。

■ その他の建築物について

前述の1号～3号建築物以外の建築物についても、区域によっては建築する場合に建築確認が必要になります。具体的には、1号～3号

■ 建築確認が必要となる建築物

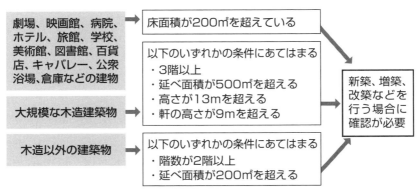

上記の①②③の建物の建築、増改築、大規模の修繕、模様替えをする場合、または、用途を変更して①の用途・規模にする場合に建築確認が必要になります。

建築物以外の建築物で、都市計画区域、準都市計画区域、景観法で規定する景観地区内、都道府県知事が関係市町村の意見を聴いて指定する区域内で建物を建築する場合に建築確認が必要になります（4号建築物）。

なお、都市計画区域とは、その地域をまとまりのある都市として開発し、整備をしていこうとしている地域のことです。準都市計画区域とは、都市計画区域外の区域のうち、相当数の建築物の建築や敷地の造成が現に行われ、あるいは見込まれている地域で、現況や今後の状況を考慮して土地利用の整序や環境の保全措置をせずに放置すると、将来の都市としての整備、開発、保全に支障が生じるおそれがある区域について、都道府県が指定する区域のことです。景観法で規定する景観地区とは、市街地の良好な景観の形成を図るために定められる地区のことです。

また、高さ6mを超える煙突や、高さ4mを超える広告塔や広告板、高さ8mを超える高架水槽など一定の規模を超える工作物を設置する場合にも建築確認が必要です。

■■ 建築確認・検査の対象となる建築物の規模等の見直し

建築基準法の改正により、令和7年（2025年）4月から、「4号建築物」は同法の条文から削除され、従来の「2号建築物」「3号建築物」は、「新2号建築物」「新3号建築物」に区分されることになります。新2号建築物は、木造2階建ての建築物、延べ面積が200㎡を超える木造平屋建てのことをいい、すべての地域で建築確認・検査が必要です。これに対し、新3号建築物は、延べ面積200㎡以下の木造平屋建てのことをいい、都市計画区域内に建築する際には、建築確認・検査が必要となることになります。また、新2号建築物は、すべての地域で構造の安全性の審査と省エネ基準の審査が必要であるのに対し、新3号建築物は、この審査は省略されることになります。

32

9 建築確認を受けるための手続きについて知っておこう

建物工事を行う前に申請が必要

■■ 建築確認申請とは

　30ページで述べた通り、建築確認が不要な建物（34ページ図）を除いて、建物の工事に着手する前に建築主が建築確認申請を行わなければなりません。

　建築確認の申請は、建築主が建築主事や指定確認検査機関に申請することで行います。どちらに申請するかは建築主が判断します。

　建築物の設計や工事の監理は建築士が行います。建築士には一級建築士、二級建築士、木造建築士という種類があり（56ページ）、建築する建物の種類によってどの建築士が設計・工事監理できるかが異なります。二級建築士と木造建築士はそれぞれ設計・工事監理できる建物が制限されています（建築士法3条、3条の2、3条の3）。たとえば、延べ面積が1000㎡を超え、かつ、階数が2以上の建築物については、一級建築士でなければ設計・工事監理を行うことができません。

　建築士以外の者でも設計・監理が認められている一定の小規模建物を除いて、申請内容が建築士法所定の建築士の設計・工事監理に基づかない計画の場合、建築確認申請は受理されません。そのため確認申請は、建築士が建築主の委任を受けて、代理で申請するケースがほとんどです。

■■ 建築確認申請における必要書類

　建築確認の申請を行う際には、確認申請書と設計図書を提出します。

　設計図書の内容としては、平面図、立面図などの図面の他、建築計画概要書（39ページ）、構造計算書などがあります。

第1章 ◆ 建築基準法の全体像　33

建築計画概要書とは、確認申請書に記載された建築物の概要や検査の履歴と、配置図、案内図等を記載したもので、「特定行政庁は、この概要書をその建築物がなくなるまで、閲覧に供さなければならない」とされています。

　建築主から建築確認の申請があった場合、建築主事は一定期間内に建築計画が法令に適合するものであるかどうかを審査します。この期間は、1〜3号建築物（特殊建築物や大規模建築物）であれば35日以内、4号建築物（その他の建築物）であれば7日以内になります。審査の結果、計画が法令に適合するものであることが判明した場合には、建築主事や指定確認検査機関は建築主に対して確認済証を交付します。

　なお、指定確認検査機関が確認済証を建築主に交付した場合には、確認審査報告書を作成して特定行政庁に提出することが必要になります。

　建築主事や指定確認検査機関が建築確認を行う場合には、消防長か消防署長の同意を得ることが必要です。ただし、防火地域、準防火地域以外の戸建て住宅の建築確認をする場合には、消防庁や消防所長の同意を得る必要はありません。

　建築確認の手続きを経た結果、建築計画が法令に適合しないものであることが判明した場合や、申請書の内容からは法令に適合している

■ 確認申請の不要なもの ･･････････････････････････････････････

国、都道府県、建築主事を置く市区町村が建築する場合
応急仮設建築物や工事用の現場事務所
防火地域・準防火地域以外で増築・改築・移転を行う場合で、床面積が10㎡以内である場合
軽微な変更
類似の用途相互間での用途変更

→ 建築確認申請が不要

かどうかがわからない場合には、手続きが中断します。この場合、建築主は、期限内には確認ができないことについて、建築主事や指定確認検査機関から通知書の交付を受けることになります。

構造計算適合性判定とは

　建築確認の申請が行われた建物のうち、高度な構造計算を要する高さ20mを超える鉄筋コンクリート造の建築物など、一定の条件を満たす建物に対しては、都道府県知事または指定構造計算適合性判定機関による構造計算適合性判定が義務付けられています。耐震偽装事件の反省から、一定の条件の建築物は、第三者による構造計算書のチェックを行うことになりました。

　構造計算適合性判定が必要になる建物とは、木造の建築物で高さ13mまたは軒高9mを超える建築物や、鉄骨造の建築物で地階を除く階数が4以上の建物、RC造の建物で高さ20mを超える建築物など、一定規模以上の建築物が該当します。

　なお、令和4年（2022年）6月に公布された改正建築基準法に伴い、構造計算適合性判定が必要となる現行の「高さ13mまたは軒高9mを

■ 中間検査、工事完了検査のしくみ

特定工程の終了	建築主が中間検査の申請	審査後、問題がなければ建築主事か指定確認検査機関が中間検査合格証を交付

特定工程の終了から4日以内　　中間検査申請を受理した日から4日以内　　特定工程後の工事

工事を完了	建築主が工事完了検査を申請	審査後、問題がなければ建築主事か指定確認検査機関が検査済証を交付

工事が完了した日から4日以内　　工事完了検査申請を受理した日から7日以内　　建物が使用可能

第1章 ◆ 建築基準法の全体像　　35

超える建築物」については、「階数3または高さ16mを超える建築物」へと拡大されることになりました。また、現行では、2階以下の木造建築物で延べ面積が500㎡を超える場合に構造計算が必要となりますが、改正後は、延べ面積が300㎡を超える場合には構造計算が必要となります。これらの改正は令和7年（2025年）4月1日から施行されます。

　建築主は、「どの指定構造計算適合性判定機関等に判定申請をするのか」、また、「いつ判定申請を行うのか」といったことを選択することが可能です。

　判定申請の際には、判定申請書（正本・副本）と、図書や書類一式（意匠図、構造図、構造計算書等）の各2通ずつを準備し、指定構造計算適合性判定機関等に提出します。

　判定の結果、構造計算に適合性があると判断されると、申請者である建築主に適合判定通知書が発行され、判定申請書の副本と添付した図書等の一式が戻ってきます。その後、建築主は、適合判定通知書の写しと判定申請書副本及び添付図書等を建築主事等に提出し、建築主事等が内容に整合性があるかどうか確認するという流れになります。

　なお、構造計算適合性判定は原則として構造計算適合性判定を求められた日から14日以内に行うことになっています。

▦ 中間検査

　建築主は、建物の建築の過程に特定工程が含まれている場合には、特定工程が終了してから4日以内に中間検査の申請をする必要があります。特定工程には以下のものが該当します。
・3階以上の共同住宅の床とはりに鉄筋を配置する工事の工程のうち、2階の床とこれを支えるはりに鉄筋を配置する工事の工程
・特定行政庁（市町村長や都道府県知事）が、その地方の建築物の建築の動向や工事に関する状況などの事情を考慮して、区域・期間・

建築物の構造・用途・規模を限って指定する工程

　中間検査の結果、建築基準の関係法令に適合するものであることが判明した場合には、建築主事や指定確認検査機関は建築主に対して中間検査合格証を渡すことになります。中間検査合格証を受け取らなければ、特定工程後の工程に着手することができません。

　なお、特定工程の検査を行い、その内容が法令に適合することが確認された部分については、完了検査が不要になります。

▓ 工事完了検査

　建築主は、建築確認の申請をした建物の工事を完了した場合には、工事が完了した日から4日以内に、建築主事や指定確認検査機関に対

■ 建築確認手続きの流れ ·····························

建築計画の作成	建築基準法などの法令に違反しないように建築計画を作成する
建築確認の申請	建築主事・指定確認検査機関に申請する（構造計算適合性判定の申請も行う）
建築確認	建築計画が法令に適合するものかどうかを審査する
建築などの工事に着工	確認済証の交付後に着工
中間検査申請	特定工程が含まれている場合、特定工程終了後4日以内に申請する
中間検査合格証を交付	中間検査合格証の交付後に後続工程の工事が可能
工事完了	予定していた建築物の完成
工事完了検査	工事完了後4日以内に申請
建築物の使用開始	原則として検査済証の交付後に使用可能

第1章 ◆ 建築基準法の全体像　37

して検査を申請する必要があります。

　建築主事や指定確認検査機関は、この申請を受理した日から７日以内に建物が法令に適合しているものかどうかの審査を行わなければなりません。そして、建物が法令に適合していると認めた場合には建築主に対して検査済証を渡します。

　原則として、１号〜３号建築物については、検査済証を受け取った後でなければ使用することができません。完了検査は、建築確認や中間検査を行った機関とは別の機関に申請することが可能です。

　なお、建築物は、適法に建築されるだけではなく、工事が終了した後も適法な状態を維持する必要があります。そのため、一定の建築物については、建築物の所有者は定期的に建築物の設備について建築士等による調査を行い、結果を市町村長や都道府県知事に定期報告をしなければなりません。

　定期報告が必要な建築物・設備は、①１号建築物や、階数が５階以上である建築物で、延べ面積が1000㎡を超える建築物のうち、都道府県知事や市町村長が指定する建築物、②エレベーターやエスカレーターなどの設備のうち、都道府県知事や市町村長が指定する設備（昇降機）、などです。

■■ 計画変更について

　建築確認を受けた建築物の計画を変更する場合には、原則として再確認が必要になります。ただし、軽微な変更の場合には、再確認が不要になります。軽微な変更とは、具体的には、①建物の階数を減らす場合、②建物の高さを低くする場合、③敷地に接する道路の幅員や敷地が道路に接する部分の長さを変更する場合、④床面積の合計を減らす場合など、どちらかと言えば変更前より変更後の方がより安全になるような変更が該当します。

資料　建築計画概要書

（※特定行政庁が様式を定めている場合には、その様式を使用してください。）

第三号様式（第一条の三、第三条、第三条の三、第三条の四、第三条の七、第三条の十、第六条の三、第十一条の三関係）（Ａ４）

建築計画概要書（第一面）

建築主等の概要

【1.建築主】
　【イ.氏名のフリガナ】
　【ロ.氏名】
　【ハ.郵便番号】
　【ニ.住所】

【2.代理者】
　【イ.資格】　　　　　　　（　　　）建築士　　　（　　　　　　　　）登録第　　　　　　　　号
　【ロ.氏名】
　【ハ.建築士事務所名】（　　　）建築士事務所（　　　　）知事登録第　　　　　　号

　【ニ.郵便番号】
　【ホ.所在地】
　【ヘ.電話番号】

【3.設計者】
（代表となる設計者）
　【イ.資格】　　　　　　　（　　　）建築士　　　（　　　　　　　　）登録第　　　　　　　　号
　【ロ.氏名】
　【ハ.建築士事務所名】（　　　）建築士事務所（　　　　）知事登録第　　　　　　号

　【ニ.郵便番号】
　【ホ.所在地】
　【ヘ.電話番号】
　【ト.作成又は確認した設計図書】

（その他の設計者）
　【イ.資格】　　　　　　　（　　　）建築士　　　（　　　　　　　　）登録第　　　　　　　　号
　【ロ.氏名】
　【ハ.建築士事務所名】（　　　）建築士事務所（　　　　）知事登録第　　　　　　号

　【ニ.郵便番号】
　【ホ.所在地】
　【ヘ.電話番号】
　【ト.作成又は確認した設計図書】

　【イ.資格】　　　　　　　（　　　）建築士　　　（　　　　　　　　）登録第　　　　　　　　号
　【ロ.氏名】
　【ハ.建築士事務所名】（　　　）建築士事務所（　　　　）知事登録第　　　　　　号

　【ニ.郵便番号】
　【ホ.所在地】
　【ヘ.電話番号】
　【ト.作成又は確認した設計図書】

　【イ.資格】　　　　　　　（　　　）建築士　　　（　　　　　　　　）登録第　　　　　　　　号
　【ロ.氏名】
　【ハ.建築士事務所名】（　　　）建築士事務所（　　　　）知事登録第　　　　　　号

【ニ.郵便番号】
【ホ.所在地】
【ヘ.電話番号】
【ト.作成又は確認した設計図書】

(構造設計一級建築士又は設備設計一級建築士である旨の表示をした者)
上記の設計者のうち、
□建築士法第20条の2第1項の表示をした者
　　【イ.氏名】
　　【ロ.資格】構造設計一級建築士交付第　　　　　号
□建築士法第20条の2第3項の表示をした者
　　【イ.氏名】
　　【ロ.資格】構造設計一級建築士交付第　　　　　号
□建築士法第20条の3第1項の表示をした者
　　【イ.氏名】
　　【ロ.資格】設備設計一級建築士交付第　　　　　号
　　【イ.氏名】
　　【ロ.資格】設備設計一級建築士交付第　　　　　号
　　【イ.氏名】
　　【ロ.資格】設備設計一級建築士交付第　　　　　号
□建築士法第20条の3第3項の表示をした者
　　【イ.氏名】
　　【ロ.資格】設備設計一級建築士交付第　　　　　号
　　【イ.氏名】
　　【ロ.資格】設備設計一級建築士交付第　　　　　号
　　【イ.氏名】
　　【ロ.資格】設備設計一級建築士交付第　　　　　号

【4.建築設備の設計に関し意見を聴いた者】
(代表となる建築設備の設計に関し意見を聴いた者)
　　【イ.氏名】
　　【ロ.勤務先】
　　【ハ.郵便番号】
　　【ニ.所在地】
　　【ホ.電話番号】
　　【ヘ.登録番号】
　　【ト.意見を聴いた設計図書】

(その他の建築設備の設計に関し意見を聴いた者)
　　【イ.氏名】
　　【ロ.勤務先】
　　【ハ.郵便番号】
　　【ニ.所在地】
　　【ホ.電話番号】
　　【ヘ.登録番号】
　　【ト.意見を聴いた設計図書】

　　【イ.氏名】
　　【ロ.勤務先】
　　【ハ.郵便番号】
　　【ニ.所在地】
　　【ホ.電話番号】
　　【ヘ.登録番号】
　　【ト.意見を聴いた設計図書】

【イ.氏名】
【ロ.勤務先】
【ハ.郵便番号】
【ニ.所在地】
【ホ.電話番号】
【ヘ.登録番号】
【ト.意見を聴いた設計図書】

【5.工事監理者】
(代表となる工事監理者)
　　【イ.資格】　　　　　(　　　)建築士　　(　　　　　　)登録第　　　　　号
　　【ロ.氏名】
　　【ハ.建築士事務所名】(　　　)建築士事務所(　　　)知事登録第　　　　号

　　【ニ.郵便番号】
　　【ホ.所在地】
　　【ヘ.電話番号】
　　【ト.工事と照合する設計図書】

(その他の工事監理者)
　　【イ.資格】　　　　　(　　　)建築士　　(　　　　　　)登録第　　　　　号
　　【ロ.氏名】
　　【ハ.建築士事務所名】(　　　)建築士事務所(　　　)知事登録第　　　　号

　　【ニ.郵便番号】
　　【ホ.所在地】
　　【ヘ.電話番号】
　　【ト.工事と照合する設計図書】

　　【イ.資格】　　　　　(　　　)建築士　　(　　　　　　)登録第　　　　　号
　　【ロ.氏名】
　　【ハ.建築士事務所名】(　　　)建築士事務所(　　　)知事登録第　　　　号

　　【ニ.郵便番号】
　　【ホ.所在地】
　　【ヘ.電話番号】
　　【ト.工事と照合する設計図書】

　　【イ.資格】　　　　　(　　　)建築士　　(　　　　　　)登録第　　　　　号
　　【ロ.氏名】
　　【ハ.建築士事務所名】(　　　)建築士事務所(　　　)知事登録第　　　　号

　　【ニ.郵便番号】
　　【ホ.所在地】
　　【ヘ.電話番号】
　　【ト.工事と照合する設計図書】

【6.工事施工者】
　　【イ.氏名】
　　【ロ.営業所名】建設業の許可(　　　　　)第　　　号

　　【ハ.郵便番号】
　　【ニ.所在地】
　　【ホ.電話番号】

【7.備考】

（第二面）

建築物及びその敷地に関する事項

【1.地名地番】

【2.住居表示】

【3.都市計画区域及び準都市計画区域の内外の別等】
　　□都市計画区域内（□市街化区域　□市街化調整区域　□区域区分非設定）
　　□準都市計画区域内　　□都市計画区域及び準都市計画区域外

【4.防火地域】　　□防火地域　　□準防火地域　　□指定なし

【5.その他の区域、地域、地区又は街区】

【6.道路】
　【イ.幅員】
　【ロ.敷地と接している部分の長さ】

【7.敷地面積】
　【イ.敷地面積】　(1) (　　　　　) (　　　　　) (　　　　　) (　　　　　)
　　　　　　　　　(2) (　　　　　) (　　　　　) (　　　　　) (　　　　　)
　【ロ.用途地域等】　　　(　　　　　) (　　　　　) (　　　　　) (　　　　　)
　【ハ.建築基準法第５２条第１項及び第２項の規定による建築物の容積率】
　　　　　　　　　　　　(　　　　　) (　　　　　) (　　　　　) (　　　　　)
　【ニ.建築基準法第５３条第１項の規定による建築物の建蔽率】
　　　　　　　　　　　　(　　　　　) (　　　　　) (　　　　　) (　　　　　)
　【ホ.敷地面積の合計】　(1)
　　　　　　　　　　　　(2)
　【ヘ.敷地に建築可能な延べ面積を敷地面積で除した数値】
　【ト.敷地に建築可能な建築面積を敷地面積で除した数値】
　【チ.備考】

【8.主要用途】（区分　　　　　）

【9.工事種別】
　　□新築　　□増築　　□改築　　□移転　　□用途変更　　□大規模の修繕　　□大規模の模様替

【10.建築面積】　　　　　（申請部分　　　　　）（申請以外の部分）（合計　　　　　）
　【イ.建築物全体】　　　(　　　　　) (　　　　　) (　　　　　)
　【ロ.建蔽率の算定の基礎となる建築面積】
　　　　　　　　　　　　(　　　　　) (　　　　　) (　　　　　)
　【ハ.建蔽率】

【11.延べ面積】　　　　　（申請部分　　　　　）（申請以外の部分）（合計　　　　　）
　【イ.建築物全体】　　　(　　　　　) (　　　　　) (　　　　　)
　【ロ.地階の住宅又は老人ホーム等の部分】
　　　　　　　　　　　　(　　　　　) (　　　　　) (　　　　　)
　【ハ.エレベーターの昇降路の部分】
　　　　　　　　　　　　(　　　　　) (　　　　　) (　　　　　)
　【ニ.共同住宅又は老人ホーム等の共用の廊下等の部分】
　　　　　　　　　　　　(　　　　　) (　　　　　) (　　　　　)
　【ホ.認定機械室等の部分】(　　　　　) (　　　　　) (　　　　　)
　【ヘ.自動車車庫等の部分】(　　　　　) (　　　　　) (　　　　　)

【ト.備蓄倉庫の部分】　　　（　　　　　）（　　　　　　　）（　　　　　　　　）
【チ.蓄電池の設置部分】　　（　　　　　）（　　　　　　　）（　　　　　　　　）
【リ.自家発電設備の設置部分】
　　　　　　　　　　　　　（　　　　　）（　　　　　　　）（　　　　　　　　）
【ヌ.貯水槽の設置部分】　　（　　　　　）（　　　　　　　）（　　　　　　　　）
【ル.宅配ボックスの設置部分】
　　　　　　　　　　　　　（　　　　　）（　　　　　　　）（　　　　　　　　）
【ヲ.その他の不算入部分】　（　　　　　）（　　　　　　　）（　　　　　　　　）

【ワ.住宅の部分】　　　　　（　　　　　）（　　　　　　　）（　　　　　　　　）
【カ.老人ホーム等の部分】　（　　　　　）（　　　　　　　）（　　　　　　　　）
【ヨ.延べ面積】
【タ.容積率】

【12.建築物の数】
　【イ.申請に係る建築物の数】
　【ロ.同一敷地内の他の建築物の数】

【13.建築物の高さ等】　　　（申請に係る建築物）（他の建築物　　　）
　【イ.最高の高さ】　　　　　　　（　　　　　　　）（　　　　　　　）
　【ロ.階数】　　　　　地上　（　　　　　　　）（　　　　　　　）
　　　　　　　　　　　地下　（　　　　　　　）（　　　　　　　）
　【ハ.構造】　　　　　　　　　　造　　　一部　　　　　　　造
　【ニ.建築基準法第５６条第７項の規定による特例の適用の有無】　□有　　□無
　【ホ.適用があるときは、特例の区分】
　　　　□道路高さ制限不適用　　□隣地高さ制限不適用　　□北側高さ制限不適用

【14.許可・認定等】

【15.工事着手予定年月日】　　　　　年　　　月　　　日

【16.工事完了予定年月日】　　　　　年　　　月　　　日

【17.特定工程工事終了予定年月日】　　　　　　　　　（特定工程）
　　（第　　　回）　　　　年　　　月　　　日（　　　　　　　　　　　　　）
　　（第　　　回）　　　　年　　　月　　　日（　　　　　　　　　　　　　）
　　（第　　　回）　　　　年　　　月　　　日（　　　　　　　　　　　　　）

【18.建築基準法第１２条第１項の規定による調査の要否】
　　□要　　□否

【19.建築基準法第１２条第３項の規定による検査を要する防火設備の有無】
　　□有　　□無

【20.その他必要な事項】

建築計画概要書（第三面）

付近見取図

配置図

(注意)
1. 第一面及び第二面関係
 ① これらは第二号様式の第二面及び第三面の写しに代えることができます。この場合には、最上段に「建築計画概要書（第一面）」及び「建築計画概要書（第二面）」と明示し、第二面の１８欄の事項を第二号様式の第三面の写しの１９欄に記載してください。
 ② 第一面の５欄及び６欄は、それぞれ工事監理者又は工事施工者が未定のときは、後で定まつてから工事着手前に届け出てください。この場合には、特定行政庁が届出のあつた旨を明示した上で記入します。
2. 第三面関係
 ① 付近見取図には、方位、道路及び目標となる地物を明示してください。
 ② 配置図には、縮尺、方位、敷地境界線、敷地内における建築物の位置、申請に係る建築物と他の建築物との別並びに敷地の接する道路の位置及び幅員を明示してください。

10 建築物の安全性をチェックする機関について知っておこう

指定確認検査機関が安全性に関する審査を行う

■■ 指定確認検査機関について

平成10年（1998年）以前は、建築主事だけが建築確認や検査を行っていました。しかし、建築技術の高度化、専門化が進んだことにより、建築主事だけが建築確認や検査を行うという状況に限界が見えてきました。そのため、平成10年以降、従来、建築主事のみが行ってきた建築確認や検査などの業務を、民間の事業者も行うための措置が講じられています。この建築確認や検査などの業務ができる民間の事業者のことを「指定確認検査機関」といいます。指定確認検査機関は、審査能力を備えていることを前提に、公平中立な立場から建築確認や検査などを行う必要があります。

指定確認検査機関は、国土交通大臣か都道府県知事の指定を受けた上で建築確認や検査を行います。複数の都道府県にまたがって業務を行う場合には国土交通大臣の指定を受け、1つの都道府県で業務を行う場合には都道府県知事の指定を受けます。また、指定確認検査機関では、確認検査員が業務を行います。確認検査員は、建築基準適合判定資格者検定に合格し、国土交通大臣の登録を受けた者の中から選任されることになります。

■■ 指定構造計算適合性判定機関

構造計算適合性判定は、35ページで述べたように、原則として都道府県知事が行うことになっています。しかし、都道府県知事以外に、指定された民間の事業者も構造計算適合性判定を行うことができます。この構造計算適合性判定ができる民間の事業者のことを「指定構造計

第1章 ◆ 建築基準法の全体像　45

算適合性判定機関」といいます。指定構造計算適合性判定機関の指定は、都道府県知事の他、国土交通大臣も行うことができます。

　指定構造計算適合性判定機関は、構造計算適合性判定業務を行いますが、このうちの一部のみを行うことがあります。業務の一部のみを行った場合には、残りの業務は都道府県知事が行います。

　指定構造計算適合性判定機関が、指定確認検査機関としての業務も行っているケースがあります。この場合、指定確認検査機関として行った検査に続いて構造計算適合性判定を行うことはできません。構造計算適合性判定の第三者性、公正性を守るために、同じ建物について確認検査と構造計算適合性判定の両方を行うことは禁止されているのです。構造計算適合性判定は、建築構造に対する専門知識をもった構造計算適合性判定員が行います。

■■ 型式適合認定

　型式適合認定とは、建築物の部分が、構造耐力、防火・避難などの一連の規定に適合することをあらかじめ国土交通大臣（指定認定機関が指定されている場合はその機関）が認定することをいいます。

■ **指定確認検査機関のしくみ**

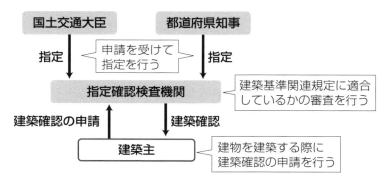

型式とは、それぞれの事業者が規定している規格に合致した工場で生産された製品のことです。

　プレハブ住宅の建材などは、違う建物でも同メーカーであれば、工場で生産された同じものが繰り返して使われます。そのため、1回チェックが行われれば、その後にまた審査を行う必要性は低いことから、型式適合認定が行われています。型式適合認定を行うことにより、個別のチェックを簡略化することができます。

　型式適合認定の対象となるものは大きく2つに分けることができます。1つは建築物に関連するもので、もう1つは建築設備のうち独立性が高いものです。建築物に関連するものとしては、建築材料が該当します。また、建築設備のうち独立性が高いものとしては、防火設備、非常用の照明装置、給水タンク、避雷設備などが該当します。

　型式適合認定を受けたい場合には国土交通大臣に申請をする必要があります。申請の内容が技術的な基準に合致していれば、型式適合認定を受けることができます。

　また、安定した品質の部材を製造している事業者は、「型式部材等製造者」の申請を国土交通大臣に行い、認証を受けることができます。型式部材等製造者の認証を受けるためには、工場での製造設備や製品の品質管理方法などが適切である必要があります。

■ 型式適合認定制度の対象や申請方法 ･･････････････････････

形式適合認定審査の対象	→	建築材料、主要構造部、建築物を構成する建築設備で独立性の高いものなど
形式適合認定審査の申請	→	国土交通大臣の認定により、建築確認の際の手続きを省略できる

↓ ただし

認定を受けた型式に適合するかどうかの審査は必要になる

第1章 ◆ 建築基準法の全体像　47

型式部材等製造者の認証を受けることができた場合、型式部材等を使用すれば建築確認、中間検査、完了検査の手続きを簡単に行うことができます。これにより、通常は必要な手続を行わずに済ませることができ、負担が軽減されます。

■ 構造方法等の認定

　国土交通大臣が行う、耐火構造や超高層建築物の構造安全性などの構造方法や建築材料などの性能の認定のことを、構造方法等の認定といいます。

　建築材料や構造方法の性能に関する評価を基にして、構造方法等の認定が行われます。技術面からの審査能力をもち、公平な審査の体制をもっている指定性能評価機関や承認性能評価機関に依頼して、「性能評価書」を発行してもらった後、国土交通大臣に申請することになっています。構造方法等の認定を受けることで、仕様規定で使われた材料や構造方法等と同様の性能を持つものと認められたことになります。

■ 構造方法等の認定

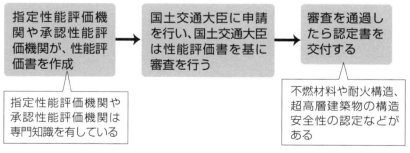

11 建築工事に関する届出や報告について知っておこう

安全上の措置に関する計画の届出が必要になることもある

■■ 建築工事に関する届出について

　建築主が建築物を新築、増築、改築、移転をする場合には、「建築工事届」を提出する必要があります。建築工事届は、確認申請の際に建築主が都道府県知事に提出します。

　また、建築工事に伴って既存の建築物を除却する場合には、建築物を除却する工事を行う者が都道府県知事に対して「建築物除却届」を提出する必要があります。

　建築工事届と建築物除却届は、床面積が10㎡を超える場合に提出が必要です。

　この他に、百貨店や病院、映画館などのように、不特定多数の人々が利用する建築物のうち一定規模以上の建築物において、避難施設等（廊下、階段、出入口その他の避難施設、消火栓、スプリンクラーその他の消火設備、排煙設備、非常用の照明装置、非常用の昇降機、防火区画等）に関する工事の施工中に、その建築物を使用する場合には、建築主は「工事中における安全上の措置に関する計画」を作成し、特定行政庁に対して届出を行う必要があります。

　なお、避難施設の工事中にその建築物を使用する場合にも、この工事中における安全上の措置等に関する計画の届出を特定行政庁に行わなければなりません。

　工事中における安全上の措置に関する計画の届出を行う必要がある建築物は、次ページ図の通りです。

第 1 章 ◆ 建築基準法の全体像　　49

■ 定期報告について

　建築物は、適法に建築されるだけではなく、工事が終了した後も適法な状態を維持する必要があります。そのため、建築基準法は、特定行政庁が指定する一定の建築物や建築設備については、その所有者が、定期的に敷地や構造、建築設備の状況について一定の有資格者による調査や点検をさせた上で、その結果を特定行政庁（市町村長や都道府県知事）に報告することを義務付けています。これを「定期報告」といいます。

　定期報告における調査は、一級建築士や二級建築士、特定建築物調査員、防火設備検査員、建築設備検査員、昇降機等検査員などの有資格者が行う必要があります。

　定期報告の頻度は、基本的に、特定建築物についてはその用途に応じて2年または3年に1回の報告、建築設備、防火設備及び昇降機の場合は毎年1回の報告となっています。

■ 工事中における安全上の措置等に関する計画の届出が必要な建築物

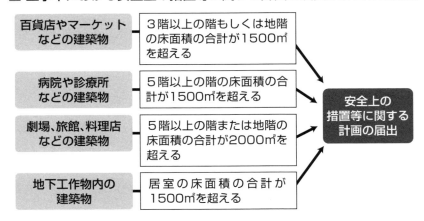

12 特定行政庁について知っておこう

特定行政庁とは市区町村長や知事のことである

特定行政庁とは

　建築基準法における特定行政庁とは、ある行政機関のことを指しています。具体的には、建築主事を置いている市区町村の区域においては市区町村長であり、建築主事を置いていない市区町村の区域においては都道府県知事になります。

　建築主事を置くことによってのみ一定の建築行政機能を扱うことができるようにして、行政機関としての能力を担保しようとしています。また、市区町村はすべての建築物に関して権限を持つ場合と、一定規模以上の建築物は都道府県に権限を委ねている場合があります。後者の場合の特定行政庁を限定特定行政庁といいます。

どんな役割を担っているのか

　通常の建築確認や検査は建築主事または指定確認検査機関の担当です。しかし、一定の行政行為については、建築主事等ではなく特定行政庁が行うことになっています。

　具体的には、許可・認定・認可などがあります。

　許可とは、建築基準法等で禁止されている行為について、例外的にその禁止を解除して許す行政行為です。許可には、たとえば容積率制限を超える建築物の建築許可があります。

　認定とは、建築基準法で特例や適用除外が認められている行為について、特例や適用除外に必要とされる条件を満たしているかどうかを判定する行政行為です。認定には、たとえば地区計画区域内の制限の緩和認定があります。

第 1 章 ◆ 建築基準法の全体像　　51

認可とは、法人・個人の行為に対して同意を与え、その行為を法律上有効なものとして完成させる行政行為です。建築協定の認可などがあります。

■■ 許可、認定について

　特定行政庁が「許可」を与えるには、都市計画区域内の特殊建築物に関し都市計画審議会の議決を経る場合（建築基準法51条）と、仮設建築物の場合（同法85条）を除き、建築審査会の同意が必要になります。

　建築審査会は、特定行政庁の諮問機関であり、5人または7人の委員によって組織されます。

　他方で、「認定」の場合は、建築審査会の同意は必要ありません。そのため、「許可」の場合よりも特定行政庁に対する監視機能が弱いといえます。

■ 特定行政庁の業務 ………………………………………

```
                    ┌──────────┐
                    │ 特定行政庁 │
                    └──────────┘
   建築主事を置いている        建築主事を置いていない
        ↓                              ↓
   ┌──────────┐              ┌──────────┐
   │ 市区町村長 │              │ 都道府県知事 │
   └──────────┘              └──────────┘

                  ┌──────────┐
                  │  業務内容  │
                  └──────────┘

   ┌──────────┐  ┌──────────┐  ┌──────────┐
   │   許　可   │  │   認　定   │  │   認　可   │
   └──────────┘  └──────────┘  └──────────┘
   原則的に建築基準法  条件を満たしているか  第三者の行為が十分
   で禁止されているこ  どうかの審査を行う  に機能するよう補完
   とを解除して認める              を行う
```

52

13 違反建築物に対する措置や罰則について知っておこう

懲役刑または罰金刑が科せられる

■■ 建築基準法に違反する違反建築物はどうなるのか

　建築基準法には、建築基準法違反となる違反建築物の工事を停止させる命令や、違反を是正するための命令、罰則が規定されています。

　違反建築物に対しては、特定行政庁（51ページ）が是正のための命令を発することができます。命令が発されたにもかかわらず、違反者が違反を是正しない場合や是正が不十分な場合などには、特定行政庁自身が是正措置を強制的に実施します。この場合、違反者に対して一定の罰則が科されることになります。

　命令の対象者にならない者も罰則の対象者になり得ます。

■■ 命令について

　特定行政庁は、違反した建築物や敷地について、その工事の施工の停止を命令できます。また、十分な猶予期間を与えた上で、その建築物の撤去、移転、改築、増築、修繕、模様替え、使用禁止、使用制限等の是正のための「措置」をとるように命令することができます。

　命令を出される対象者は、その建築物の建築主、工事の請負人（その下請人を含む）や現場管理者、建築物・敷地の所有者・管理者・占有者、になります。

　特定行政庁は、上記の「措置」を命令する場合、対象者に対して事前に、その措置の内容、理由や、意見書の提出期限等を記載した通知書を交付しなければなりません。これは、対象者に意見書や自身に有利な証拠を提出する機会を与えるためです。

　対象者は、意見書の提出の代わりに、公開による意見の聴取を請求

第1章 ◆ 建築基準法の全体像　53

することもできます。その場合は、公開による意見の聴取が行われます。

　意見書や公開の聴取を経ても是正のための「措置」の命令が正当であると判断されれば、特定行政庁は当初の「措置」を実際に対象者に命令することができます。

　「措置」を命令したにもかかわらず、対象者がその「措置」を行わない場合や、行っても不十分な場合、あるいは期限までに完了する見込みがない場合は、特定行政庁は行政代執行法の規定に基づき、その「措置」を自身で実際に行うことができます。

　緊急の場合は、特定行政庁は上記の手続きによらなくても、仮の使用禁止、使用制限を命令することができ、また、工事の停止も命令することができます。これらの緊急の命令については、特定行政庁が任命した建築監視員も行うことができます。

　特定行政庁は、前述のような命令を行った場合は、標識を設置するなどして、その旨を公示しなければなりません。標識は命令の対象になっている建築物や敷地の内部に設置することができます。

　特定行政庁は、工事の停止命令や是正のための「措置」の命令を行った場合は、その建築物の設計者、工事監理者、工事の請負人（その下請人を含む）、その建築物の取引を行った宅地建物取引業者、そ

■ **違反建築物に対する是正命令**

特定行政庁　→是正命令→　建築主、工事の請負人、現場管理者建築物やその敷地の所有者など　　違反建築

是正命令の内容
工事の施工の停止、期限を付けての建築物の除却・移転・改築・増築・修繕・模様替え・使用禁止・使用制限、その他違反を是正するために必要な措置

の命令に関する浄化槽の製造業者等の氏名・名称や住所などを、国土交通大臣または都道府県知事に通知しなければなりません。

　国土交通大臣や都道府県知事は、その通知を受けた場合は速やかに、建築士法、建設業法、浄化槽法、宅地建物取引業法等による対象者の免許や認可を取り消し、業務の停止処分などを行います。

■ 罰則について

　建築基準法は違反建築物に関して、懲役刑と罰金刑を定めています。なお、法人の代表者や従業員等が違反すると、行為者本人だけでなく、法人に対しても罰金刑が科されるものもあります。

　罰則の対象となる個人には、建築物の建築主、工事の請負人（その下請人を含む）や現場管理者、建築物・敷地の所有者・管理者・占有者、建築物や建築設備の設計者、建築設備の設置者、指定資格検定機関・指定確認検査機関・指定認定機関等の役員・職員などが含まれます。

　たとえば、構造耐力が不足している建築物を設計した場合や、工事停止命令が発せられたのにこれに従わずに工事を続けた場合には、3年以下の懲役または300万円以下の罰金が科されます。また、指定確認検査機関が業務停止命令に従わなかった場合には、1年以下の懲役刑か100万円以下の罰金刑が科されます。

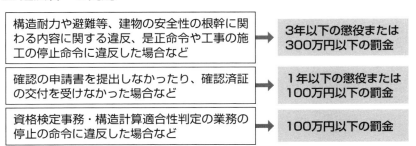

■ 違反者への罰則

14 建築士、建設業者の役割について知っておこう

建築士は建築物の設計、工事監理を行う技術者である

■■ 建築士の業務はどのようなものなのか

　わが国では、法律分野であれば「弁護士」「司法書士」「行政書士」、会計・財務・税務分野であれば「公認会計士」「税理士」といったように、専門分野別に様々な士業資格が存在しています。同じように、建設業に関する専門家・士業資格として「建築士」という資格があります。建築士は、建築物の設計、工事監理を行う技術者です。

　建築物の設計とは、具体的には設計図書の作成を意味します。設計図書とは、建築物の建築工事実施のために必要な図面（設計図）および仕様書（材料の品質・等級や工事の進め方など）のことです。工事監理とは、「その者の責任において、工事を設計図書と照合し、それが設計図書の通りに実施されているかいないかを確認すること」（建築士法2条8項）を意味します。

■■ 建築士には3種類ある

　建築士については、「建築士法」という法律で細かいルール等が定められており、建築士の資格は、①一級建築士（国土交通大臣免許）②二級建築士（知事免許）③木造建築士（知事免許）という3つに区分されています（これらは当然、別々の資格です）。これらの級別により設計できる範囲（独占業務範囲）が定められていますが、一級建築士と二級建築士は、木造建築士の業務範囲の設計を行うことができ、一級建築士は、すべての建築物の設計を行うことができます。

56

■■ 建設業者として営業するために必要なこと

建設工事を請け負う業者は、「建設業者」と呼ばれます。一口に「建設業」といっても、様々な事業の態様・形態があります。建設業法は、建設業を29業種に区分しています。

建設業者が営業を行うためには、都道府県知事の許可を得なければなりません。なお、営業所を2つ以上の都道府県に設けて営業を行う場合には、国土交通大臣の許可を得る必要があります。

■■ どんな役割や義務があるのか

建設業は、建設業法により29業種に区分がなされていることは前述しました。

すべての建設業者は、建設工事の適正な施行、発注者の保護を通じて公共の福祉の増進に努めるよう役割と義務を果たさなければならないとされています。つまり、健全かつ公正な建設取引を保全することで、建築業界全体の健全かつ公正な発展をめざしているのが建設業法です。

建設業法では、「建設工事の請負契約の当事者は、各々対等な立場における合意に基づいて公正な契約を締結し、信義にしたがって誠実にこれを履行しなければならない」と定めています。これは非常に抽象的な内容ですが、建設工事契約について遵守すべき基本的ルールを定めた総則的規定です。

具体的な義務等は、これに基づいた書面による契約書の作成（工事内容、請負代金額、工事着手時期、工事完成時期等を記載する）と当事者間での契約書（書面）の交付を義務付けた規定、請負契約に関して請け負った建設工事を一括して他に請け負わせる「丸投げ」の禁止を定めた規定などがあります。

第1章 ◆ 建築基準法の全体像　　57

Column

建築物の基礎について

　建築物を建てるためには、その建築物の重量を支える基礎が必要です。基礎とは、建築物の力を地盤に伝え、建築物を安全に支える機能をもつ建築物の下部構造のことです。基礎部分に不具合があると、建築物全体の安全性が脅かされてしまいます。建築基準法施行令38条は、建築物の基礎は、建築物に作用する荷重等を安全に地盤に伝え、かつ、地盤の沈下や変形に対して構造耐力上安全であると認められなければならないと規定しています。

　各地盤の強度については、建築基準法施行令93条に示されています。たとえば、岩盤に長期に生じる力に対する強度（許容応力度）は、1㎡あたり1000キロニュートンであると規定されています。

　なお、基礎の設計上、建築物全体を支える地盤のことを支持地盤といいます。そして、建築物に適したN値以上の地層がどこに存在するかを調べる作業のことを地盤調査といいます。N値とは、地層の硬さを示す値です。数字が小さいほど軟らかい地層であり、数字が大きいほど硬い地層であることを表します。地盤調査は、ボーリング調査（標準貫入試験）という方法で行われます。簡単にいうと、サンプラーと呼ばれるパイプ状のものを、自由落下させたハンマーで打ち、サンプラーが30cm貫入するための打撃回数を数えるという方法で行われ、この回数がN値となります。

　地盤が硬い台地などに建築物を建設する場合には、地盤を数m掘るだけで十分な基礎を作ることができます。しかし、川や海の周辺など、また、軟弱な地盤においては、浅い基礎では建築物を支えることができないため、深く杭を打ち込み建築物を支える杭を打ち込みます。これを杭基礎といいます。かなり重量があるRC造の大規模マンションなどでは、何十～何百という数の杭が打たれます。

第2章
都市計画区域内における規制

　この章では、都市計画区域内において適用される建築物などに関する建築基準法上の規定の内容について見ていきます。

　都市計画は、既に都市化した地域の計画のみを意味するものではなく、これから都市化していこうとする地域の無秩序な開発を規制するという意味合いもあり、人の住まないような山間部を除いて、ほとんどの地域が都市計画区域内にあるといえます。

　都市計画区域内の規制は、敷地や道路といった土地のあり方から、地域に応じて建築物の用途や高さ、密度などを規制することによって、住環境をよりよくするように配慮されています。

　この章では、このような規制が行われることになった背景もあわせて説明しています。

1 建築基準法上の道路について知っておこう

たくさんの法規制がある

■■ 道路に関する法規制はどうなっているのか

　道路は、一般公衆の通行に利用される物的施設ですから、高い公共性を持っています。道路法では、道路に関する禁止行為を規定したり、道路を構成する敷地、支壁その他の物件については私権を原則として行使できないとする制限規定を設けています。そのため、道路拡張の計画がある場合や、4m未満の狭い道路に面した敷地などでは、自分の土地が規制の対象となる道路にあたる場合には、自由に使うことが許されなくなる場合もあります。

■■ 公道・私道とは何か

　公道とは、行政が一般交通に利用させるために提供する道路のことで、国道、都道府県道、市町村道などがあります。公道は、その公共性から規制が課せられますし、民法などの私法の規定がそのまま適用されるわけではありません。また、長年道路を占有していたからといって、時効によって道路の所有権を取得することもありません。

　これに対して、私道とは、公道以外の道路で、その土地を所有する私人が管理している道のことです。私道は一般には公道のように道路法などの法律の規制を受けません。しかし、法律の規制をまったく受けないというわけではありません。私道に対して道路位置指定（建築基準法の接道義務の要件を満たすために都道府県知事や市区町村長によって行われる指定のこと）がなされると、その私道は建築基準法上の道路となって、建築基準法上の規制を受けることになります。これを位置指定道路といい、建築基準法上の道路として扱ってよい代わり

に特定行政庁による変更や廃止に関する制限を受けることになります。

■■ 敷地と道路の関係に関する建築基準法上の規制

　私たちは日々道路を利用して生活していますが、周りの家々に目を配ると、多くの場合、敷地が道路に面していることがわかります。これは接道義務というものを課して建築を規制しているためです。

　接道義務とは、都市計画区域内にある建築物の敷地に対して課される、原則として幅員4m以上の道路に2m以上接していなければならないというルールのことです。したがって、住宅やビルなどを建てようとするときは、建築基準法の接道義務に違反しないことを事前に確認しなければならないのです。

　建築基準法は、幅員が4m以上のもののうち、以下のように、一定のものを同法上の「道路」にあたるとしています。なお、この4mという数値は、車がすれ違うために最低限必要な幅であり、4mの幅があれば、緊急時にも消防車や救急車が通行することができます。このように道路の幅員を確保することで、安全を守ることができるのです。

　また、採光や通風を確保するという観点からも、道路の幅員を確保

■ 道路に関するおもな法律

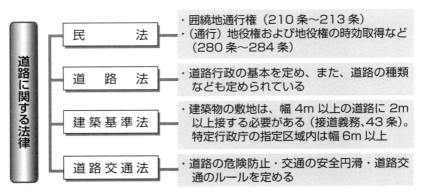

第2章 ◆ 都市計画区域内における規制　61

することは必要なことだといえます。

① 建築基準法42条1項1号道路（道路法による道路）

　建築基準法42条1項1号は、「道路法による道路」が建築基準法上の道路にあたる旨を規定しています。「道路法による道路」には国道、都道府県道、市町村道が該当します。

② 建築基準法42条1項2号道路（道路計画法等による道路）

　都市再開発法、土地区画整理法、都市計画法、新都市基盤整備法、密集市街地整備法などの法律に基づく道路です。これには開発許可を得て築造される道路等が該当します。

③ 建築基準法42条1項3号道路（既存道路）

　都市計画区域や準都市計画区域の指定・変更などによって建築基準法の規定が適用されることになった時点で既に存在していた幅員4m以上の道路です。おもに農道等がこれに該当します。

　なお、次ページ⑥の2項道路のように建築物が立ち並んでいる必要はありません。

④ 建築基準法42条1項4号道路（計画道路）

　道路法や都市計画法などによる、新設や変更の事業計画のある道路であって、2年以内にこの事業が執行される予定のものをいいます。ただし、これは特定行政庁（市町村長や都道府県知事）によって指定されたものであることが必要となります。

⑤ 建築基準法42条1項5号道路（位置指定道路）

　土地を建築物の敷地として利用するために、道路法や都市計画法などの法律によらないで築造する建築基準法施行令で定める基準に適合する道路であって、特定行政庁からその位置の指定を受けたものをいいます。「指定道路」ともいいます。

　道路を造ろうとする者が特定行政庁に対して申請を行い、指定された道路は私道になります。この道路の基準としては、第一に両端が他の道路に接している必要があります。袋路状の道路の場合には、幅員

が6m以上であること、幅員が6m未満である場合には長さが35m以下であること、道路の端が車の転回に支障がない広い部分と接していること、といった条件を満たさなければなりません。

同一の平面で交差・接続するような場所は、角地に隅切りを設けることが必要です。また、階段状ではなく勾配は12％以下にして、排水に必要な側溝を設けなければなりません。隅切り部分については、道路法上の道路でなければ、敷地面積に算入しますが、建物を建てることはできません。

⑥ **建築基準法42条2項に規定されている道路（2項道路・みなし道路）**

都市計画区域や準都市計画区域の指定・変更等によって建築基準法の規定が適用されることになった時点で既に建築物が立ち並んでいる幅員4m未満の道で、特定行政庁（市町村長や都道府県知事）の指定した道路です。「2項道路」または「みなし道路」と呼ばれており、原則として道路中心線から2mのセットバック義務（壁面後退）を負うことになります。

セットバックとは、道路の幅員を4m確保するために敷地の一部を道路部分として負担する場合の当該負担部分のことで、より簡単にい

■ 2項道路の境界線

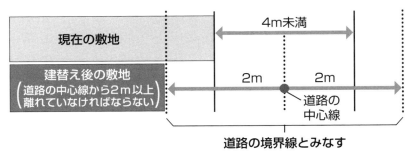

第2章 ◆ 都市計画区域内における規制　63

えば、道路の境界線を後退させることです。

　「建物が立ち並んでいる」の意味については解釈運用上の争いがあり、道に接して建築物が2個以上あればよいと考えて緩やかに解する見解と、建築物が寄り集まって市街の一画を形成するなど機能的な重要性を必要とする見解があります。地域によってこの規定の運用が異なることがありますし、セットバック義務は紛争の原因になることもあります。敷地に面している道路が2項道路かどうかについては事前に行政窓口での調査が不可欠です。

　また、セットバックについては例外もありますので、あわせて確認しておくとよいでしょう。

　この2項道路の指定について不服がある場合は、行政不服審査法に基づく不服申立てや、訴訟を提起するなどの方法によって争うことができます。

　最後に、建築基準法43条1項ただし書には、都市計画区域（32ページ）内における建築物の敷地が前述したいずれの道路にも接道がない場合でも、建設許可を受け得る場合があると規定されています。この点についても行政窓口に早めに確認しておくことが大切です。

■ 2項道路とセットバック

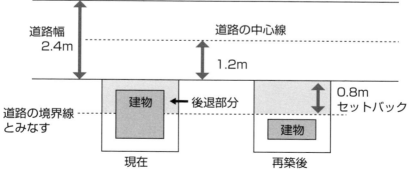

2 道路に関する建築基準法上の規制について知っておこう

建物の敷地が道路に接している必要がある

■■ 建築基準法による道路についての規制

　建築基準法では、建物の敷地は2m以上道路に接していなければならないとされています。これは、車が1台通行するために必要な幅になります。そのため、たとえば人が一人通れる程度しか敷地が道路に接していないとすると、その敷地に建物を建てることは原則としてできません。また、不特定多数の人が出入りする劇場、3階建て以上の建築物、延べ面積が1000㎡を超える規模の大きい建築物などを建てる敷地については、敷地が接する道路の幅員や敷地が道路に接する部分の長さについても条例で定めることができます。

■■ 道路内の建築制限と壁面線の指定

　建築物や敷地を造成するための擁壁は、道路内に建築したり、道路に突き出して建築することはできません。ただし、以下のいずれかに該当する場合には、道路に建築することが可能になります。

・地盤面下に設ける建築物

・公衆便所、巡査派出所など公益上必要な建築物で特定行政庁（市町村長や都道府県知事）が通行上支障がないとして建築審査会の同意を得て許可したもの

・特定高架道路等の上空または路面下に設ける建築物などのうち、地区計画の内容に適合し、なおかつ政令で定める基準に適合するものであって特定行政庁が安全上、防火上、衛生上支障がないと認めるもの

・公共用歩廊（たとえば渡り廊下は公共用歩廊に該当する）その他政令で定める建築物で特定行政庁が安全上、防火上、衛生上他の建築

第2章 ◆ 都市計画区域内における規制　65

物の利便を損なわず、周囲の環境を害するおそれがないと認めて許可したもの

また、建築物の壁やこれに代わる柱、高さ2mを超える門やへいは、壁面線を超えて建築してはいけません。ただし、地盤面下の部分や特定行政庁が建築審査会の同意を得て許可した歩廊の柱などについては建築可能です。

■■ 路地状敷地についての規制

建物の敷地と道路の間が路地のようになっている敷地を路地状敷地といいます。路地状敷地に建物を建築する場合の路地の幅や長さについては、条例で基準が定められています。次ページ図で示した路地の幅・長さの基準は東京都の条例（東京都建築安全条例）によるものです。耐火建築物と、準耐火建築物以外で延べ面積が200㎡を超える建物については、路地の長さが20m以下であれば路地の幅は3m以上、20mを超える場合であれば路地の幅は4m以上でなければなりません（次ページ上図）。一方、それ以外の建物の場合には20m以下であれば路地の幅は2m以上、20mを超える場合であれば路地の幅は3m以上となるようにします（次ページ下図）。

■ 壁面線の指定による建築制限

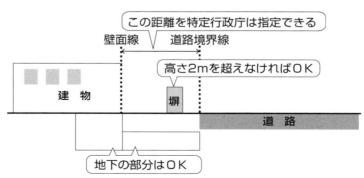

路地状部分のみによって道路に接する敷地については、建築物の制限も行われます。東京都建築安全条例では、路地状部分のみによって道路に接する敷地には、原則として学校や共同住宅といった特殊建築物の建築を認めない扱いとしています。ただし、以下に掲げる建築物については、路地状部分しか道路に接していない敷地であっても特殊建築物を建築することが認められています。

・路地状部分の幅員が10m以上で、なおかつ敷地面積が1000㎡未満である建築物
・公衆浴場や工場として用いている建築物で、その敷地の路地状部分の幅員が4m以上で、なおかつ路地状部分の長さが20m以下であるもの
・この他、建築物の周囲の空地の状況その他土地と周囲の状況により知事が安全上支障がないと認めた建築物

■ 路地状部分の形態

●耐火建築物・準耐火建築物以外で延べ面積が200㎡を超える建物の場合

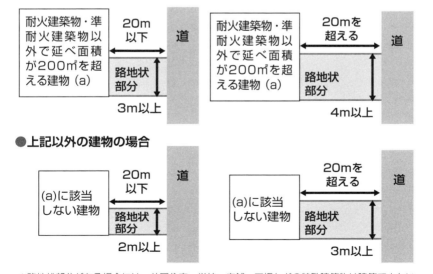

●上記以外の建物の場合

※路地状部分がある場合には、共同住宅・学校・店舗・工場などの特殊建築物は建築できない。

3 建物を建築することが許されている区域かどうかを確認する

都市整備のため建物を建てられない地域もある

■■ 都市計画区域とは

　自宅などの建物を建築しようと考えている場合、その地域で建物を建築することが許されているのかどうかを確認する必要があります。また、たとえ建てられるとしても、家の大きさや用途に制限がないかを調べる必要があります。これらの事項は、行政の都市計画課に備え置かれている都市計画図で確認することができます。

　都市計画図では特に都市計画区域に注目します。都市計画区域とは、その地域をまとまりのある都市として開発し、整備をしていこうとしている地域のことです。たとえば、住宅地に巨大なショッピングセンターや工場などが建たないように規制をしているのです。

　都市計画区域は、通常は、①市街化区域、②市街化調整区域に分けられます。市街化区域とは、既に市街地を形成している区域および10年程度を目安にして、行政が積極的に市街化を図ろうとしている区域です。これに対して市街化調整区域とは、当面は市街化を抑制すべき区域です。なお、都市計画区域のうち、まだ①にも②にも区分されていない区域は非線引区域といいます。非線引区域は、まだ色塗りをされていない地域ということで、白地地域とも呼ばれます。

■■ 市街化区域と市街化調整区域

　建物を建築しようとしている地域が①の市街化区域に該当する場合は、特に都市計画上の問題はありません。一方、②の市街化調整区域では、原則として建物を建築することはできません。長期的な都市計画の観点から市街化調整区域では、通常の住宅・商店・事務所などを

68

建築することを禁止し、市街化を抑制しているからです。

■■ 市街化調整区域の例外

　市街化調整区域であっても建物を建てられる場合があります。約50戸以上の住宅が密集している地区が、市街化区域に隣接または近接していて、市街化区域と一体的な日常生活圏を構成していると認められるような場合は、開発許可を得て、通常の住宅を建築することができる場合があります。これを50戸連たん制度といいます。

　また、市街化調整区域は農業、林業、漁業といった用途で使用されていることが多いのですが、これらの第一次産業に従事する人々が生活上使用する建築物の建設まで、全面的に禁止されるわけではありません。その他、平成12年の都市計画法改正前は「既存宅地」といって、調整区域の指定前から宅地であった敷地については既得権を認めて建築を認めていました。行政によっては条例で現在もこの制度を認めている場合があります。

　ただし、このような例外事由に該当するか否かの判定にあたっては、専門的な知識が必要になります。また、開発申請の提出も必要となりますので、必ず事前に行政窓口で確認しておくようにしましょう。

■ 建物の建築に対する行政の規制

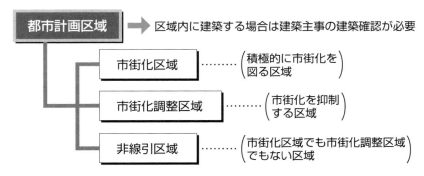

第2章 ◆ 都市計画区域内における規制　69

4 用途地域について知っておこう

土地の用途が決められている場合がある

■■ 用途地域とは

　都市計画法上、用途地域は13の地域に分けられています。

　用途地域については、73ページの図を見てください。大きく分けて、住居系、商業系、工業系の３つに分けられます。行政は、この用途地域と建築基準法などを連動させて、それぞれの地域・地区の目的に応じた規制をし、快適な都市空間を構築しようとしているのです。

　それでは、各用途地域についてそれぞれの特色を見ていきましょう。

①・②第１種・第２種低層住居専用地域

　低層住居専用地域は、用途地域の中で最も良好な住環境をめざすものです。そのため、建ぺい率・容積率・建物の高さ・隣地との関係などについて、非常に厳格に規制されています。

　第１種低層住居専用地域では、原則として、住居を兼ねた小規模な店舗や、小中学校、診療所など以外は、高さが10mまたは12m（どちらにするかは都市計画で定めます）を超えない低層住居しか建築できません。第２種低層住居専用地域では、第１種に比べて若干規制が緩和されています。たとえば、２階建て以下で延べ床面積が150㎡以下の小規模な店舗であれば、小売店や飲食店の建設も許容されています。その他、宗教施設、学校、福祉施設、公衆浴場、診療所、公益上必要な建築物等も許容されています。

③田園住居地域

　田園住居地域は、農業の利便の増進を図りつつ、これと調和した低層住宅に係る良好な住居の環境を保護するため定める地域です。田園住居地域内の農地の開発等については、300㎡以上の開発・建築等は、

原則として不許可となります。

④・⑤第1種・第2種中高層住居専用地域

中高層住居専用地域は中高層住宅の良好な住環境を守るための地域です。低層住居専用地域のような絶対的高さ制限がないので、容積率によっては4階以上のマンションなどが建設できます。1種と2種の違いは、住居以外の建築できる建物の種類やその広さ、階数の違いです。2種では3階以上や、1500㎡以上の建物でなければ工場やスポーツ施設等の住環境への影響の大きな物以外の用途はたいてい建てられます。

⑥・⑦第1種・第2種住居地域、⑧準住居地域

住居地域は、住居専用地域と同じく住環境を保護するために設定される地域ですが、商業用建物の混在も予定している点が異なります。

第1種住居地域は、商業施設の建設についての配慮から住居専用地域よりも容積率が緩和されています。ただ、住環境の保護が重視され、店舗や事務所等の商業施設系の用途は3000㎡以下のものに限られ、パチンコ店などの建設は禁止されています。

■ 都市計画法と建築基準法

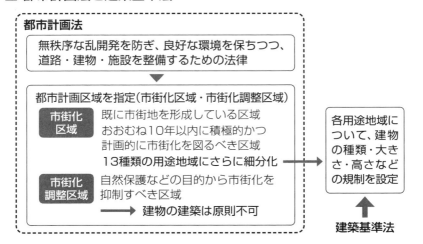

第2章 ◆ 都市計画区域内における規制　71

第2種住居地域では、店舗や事務所の広さの制限は1万㎡以下となり、第1種住居地域では建設できないパチンコ店や麻雀店も建てられます。

　準住居地域は第2種住居地域よりも、さらに商業などの業務への配慮が強くなっています。幹線道路の沿道などが準住居地域に指定されていることもあり、店舗・事務所の建築はかなり自由に認められています。ただし、クラブ・キャバレー、ストリップ劇場、ラブホテルなどの風俗系の用途での建設は禁止されています。

⑨近隣商業地域、⑩商業地域、

　近隣商業地域は、近隣に住む住民の日常生活の需要に応える商業その他の業務の発展をめざす地域です。バス通り沿いの停車場をメインに道路の両側それぞれ20mの範囲の商店街を指定するといった、細長い地域を指定することが多いのが特徴です。住民の日常的需要に応える地域なので、商業地域では許容されているキャバレーなどの娯楽施設の建築は許されません。

　商業地域は、おもに商業などの地域的発展をめざす地域で、都心や主要駅周辺を中心として広域に指定されます。商業地域では、クラブ・キャバレーや映画館・劇場・演芸場といった娯楽施設も建築できます。

　商業地域、近隣商業地域のいずれの地域でもたいていの建築物は建てられます。ただ、危険性があったり環境を悪化させるおそれのある工場や作業場で延べ床面積が150㎡を超える工場の建設は許されていません。

⑪準工業地域、⑫工業地域、⑬工業専用地域

　準工業地域は、おもに軽工業の工場等の環境悪化のおそれのない工業の発展を図ることを目的とした地域です。したがって、工場だけでなく、一般の住居・アパートなどの集合住宅、商業店舗が混在している場合が多い地域です。

　ただ、都市部周辺では、近年の不況に伴って撤退した工場跡地に中高層マンションが建設され、マンション地帯の様相を呈している地域が増えています。

工業地域は、おもに工業の発展を図るために指定される地域です。
住宅の建築は可能ですが、小学校や大学、病院、ホテルといった施設
を建築することはできません。

　工業専用地域は、工業地域よりもさらに工業の発展という目的を徹
底した地域で、大規模工業団地などがこれに該当します。工業専用地
域では、学校や病院といった一定の良好な環境を必要とする施設の建
設はもちろん、住宅や物品販売店舗、飲食店の建設も許されません。

■ **用途地域の概略** ···

	用途地域の種類	地域特性
住居系	①第1種 低層住居専用地域	低層住宅に係る良好な住居の環境を保護するため定める地域
	②第2種 低層住居専用地域	主として低層住宅に係る良好な住居の環境を保護するため定める地域
	③田園住居地域	農業の利便の増進を図りつつ、これと調和した低層住宅に係る良好な住居の環境を保護するため定める地域
	④第1種 中高層住居専用地域	中高層住宅に係る良好な住居の環境を保護するため定める地域
	⑤第2種 中高層住居専用地域	主として中高層住宅に係る良好な住居の環境を保護するため定める地域
	⑥第1種住居地域	住居の環境を保護するため定める地域
	⑦第2種住居地域	主として住居の環境を保護するため定める地域
	⑧準住居地域	道路の沿道としての地域の特性にふさわしい業務の利便の増進を図りつつ、これと調和した住居の環境を保護するため定める地域
商業系	⑨近隣商業地域	近隣の住宅地の住民に対する日用品の供給を行うことを主たる内容とする商業その他の業務の利便を増進するため定める地域
	⑩商業地域	主として商業その他の業務の利便を増進するため定める地域
工業系	⑪準工業地域	主として環境の悪化をもたらすおそれのない工業の利便を増進するため定める地域
	⑫工業地域	主として工業の利便を増進するため定める地域
	⑬工業専用地域	工業の利便を増進するため定める地域

第2章 ◆ 都市計画区域内における規制　　73

・特別用途地区とは

　用途地域の指定とは別に、特別用途地区が指定されることがあります。これは、特定目的のために各用途地域の制限を部分的に緩和したり厳しくしたりするために設定されるものです。

　たとえば、トラックターミナル、卸売市場、倉庫などを集中立地させるための特別業務地区、教育上ふさわしくない施設を制限するための文教地区があります。

　その他、建築物の高さ制限などによって街全体の美観を保護する景観地区や、都市の風致を維持するため建築物の建築、宅地造成、樹木の伐採を規制する風致地区があります。

　また、都市計画という観点では、再開発を計画した場合の高度利用地区、建築物の高さの最高限度または最低限度を定める高度地区、超高層ビルの建設などの際に活用される特定街区があります。

　これらの制限は、各地域の実情や発展状況に応じて、都市計画または地方公共団体の条例で定められます。

■■ 許可があれば建築制限が緩和される

　特定行政庁がその地域の特性を考慮して許可をした場合には、用途地域で定められた用途や規模以外の建物を建築することができます。この許可を行う際には、利害関係者の出頭を求めて意見を聴取し、建築審査会の同意を得る必要があります。

■■ 敷地が制限の異なる用途地域にまたがる場合どうなるのか

　建物の敷地が、制限の異なる用途地域にまたがっている場合があります。この場合には、敷地の過半が属している地域の制限がかかります。たとえば、ある建物の敷地に第2種住居地域にかかる部分と、近隣商業地域にかかる部分があり、敷地のうち第2種住居地域にかかる部分が4割、近隣商業地域にかかる部分が6割という場合には、近隣

74

商業地域としての制限がかかります。

　この場合、建物の位置は関係がありません。建物が敷地のどの位置に建てられたとしても、敷地の過半が属しているのはどちらの用途地域かによって制限が変わってきます。

■ 用途地域内の建築制限 ‥‥‥‥‥‥‥‥‥‥‥‥‥‥‥‥‥‥‥‥‥‥‥‥‥

用途地域／建物の種類	第1種低層住居専用地域	第2種低層住居専用地域	第1種中高層住居専用地域	第2種中高層住居専用地域	第1種住居地域	第2種住居地域	準住居地域	田園住居地域	近隣商業地域	商業地域	準工業地域	工業地域	工業専用地域
住宅・下宿・老人ホーム等													
保育所・神社・診療所等													×
老人福祉センター等	△	△						△					
病院	×	×						×				×	×
小学校・中学校・高校												×	×
大学・専修学校・病院等	×	×						×				×	×
図書館等													×
店舗・飲食店	×	△	△	△				△					×
事務所	×	×	×	△				×					
ホテル・旅館	×	×	×	×	△			×				×	×
自動車教習所	×	×	×	△				×					
倉庫業を営む倉庫	×	×	×	×	×	×		×					
水泳場・スケート場・ボーリング場等	×	×	×	△				×					×
麻雀・パチンコ店等	×	×	×	×	×	△	△	×					×
カラオケボックス・ダンスホール等	×	×	×	×	△	△	△	×			△	△	△
キャバレー等	×	×	×	×	×	×	×	×			△	×	×
劇場・映画館・演芸場・ナイトクラブ等	×	×	×	×	×	△		×				×	×
工場（食品製造業以外）	×	×	×	×	△	△	△	×	△	△	△		

無印は建築可能 ／ △は条件付きで建築可能 ／ × は特定行政庁の許可がなければ建築不可

第2章 ◆ 都市計画区域内における規制　　75

5 建物が建てられる面積について知っておこう

土地いっぱいに建物を建てられるわけではない

■■ 建築基準法による面積の規制

本来自分の土地に建物を建築するのは自由だと感じますが、皆がそのような考えで建物を建ててしまうと、地域が極端に高密度化してしまったり、道路や上下水道といったインフラへの負荷が高くなってしまうような事態が発生してしまいます。

そういったことを防ぐため、都市計画では敷地に対しての空きや、密度を調整するために、建ぺい率や容積率といった敷地に対しての建ち方や延べ面積の制限を設けています。

■■ 建ぺい率で建物は制限される

建築基準法は、用途地域ごとに建ぺい率を定めて建物の規模を制限することで、良好で安全な環境を維持しようとしています。

建ぺい率とは、敷地面積に対する建物の建築面積（建物を真上から見た水平投影面積）の割合のことです。

建ぺい率が小さくなると、敷地内に空き地が多くなります。建ぺい率を求める数式は、建ぺい率＝建築面積÷敷地面積、になります。建ぺい率は、81ページ図に規定する数値を超えてはいけません。

建ぺい率は用途地域別に定められています。ただ同一の地域でも延焼の危険が少ない、防火地域内の耐火建築物や、角地の敷地内の建築物は、建ぺい率が通常よりも割増しされます。

また、公衆便所やアーケードなど、公共のために利用する建物の建築の場合には、建ぺい率の制限は撤廃されます。

■■ 延べ面積・最大延べ面積とは

　延べ面積とは、建物の各階の床面積の合計のことです。階数や建物の高さとは関係がなく、すべての階の床面積を合計したものが延べ面積になります。また、敷地面積に容積率の限度を掛けた数値が最大延べ面積になります。言葉通り、敷地に対して最も延べ面積を大きくした数値が最大延べ面積になります。

■■ 容積率の限度と延べ面積の特例

　容積率とは、建築物の延べ面積の敷地面積に対する割合のことです。建築物の容積率は、都市計画で用途地域別に定められた容積率の限度以下にする必要があります。具体的には容積率は、78ページの図に示す数値以下にする必要があります。建築基準法では、容積率を分数で表示しますが、一般には「％」で表示されています。容積率は、容積率＝延べ面積÷敷地面積、の数式で求めることができます。また、最大延べ面積は、最大延べ面積＝敷地面積×容積率の限度、の数式で求めることができます。

　延べ面積には、通常使用する延べ面積と、容積率を算定する際に使用する延べ面積の2種類があります。容積率を算定する際に用いる延

■ 建ぺい率と容積率

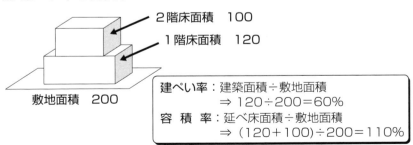

第2章 ◆ 都市計画区域内における規制

べ面積には、一定の数値以上は算入しなくてもよい部分があります。まず、自動車の車庫など、自動車を停車させるために用いる施設の場合には、その用途に用いる部分の床面積については最大延べ面積の5分の1を限度として容積率算定上の延べ面積に算入しません。

■ 用地地域ごとの容積率 ………………………………………

① 第1種低層住居専用地域、第2種低層住居専用地域、田園住居地域内の建築物

10分の5、10分の6、10分の8、10分の10、10分の15、10分の20のうち都市計画において定められた数値

② 第1種中高層住居専用地域、第2種中高層住居専用地域、第1種住居地域、第2種住居地域、準住居地域、近隣商業地域、準工業地域内の建築物

10分の10、10分の15、10分の20、10分の30、10分の40、10分の50のうち都市計画において定められた数値

（第1種住居地域、第2種住居地域、準住居地域、近隣商業地域、準工業地域のうち容積率が10分の40か10分の50と定められた地域は、高層住居誘導地区として指定されることがある。もし指定されていれば、建築物の住宅部分の床面積の合計が延べ面積の3分の2以上である場合、その住宅部分の割合に応じて容積率が引き上げられる）

③ 商業地域内の建築物

10分の20、10分の30、10分の40、10分の50、10分の60、10の70、10分の80、10分の90、10分の100、10分の110、10分の120、10分の130のうち都市計画において定められた数値

④ 工業地域、工業専用地域内の建築物

10分の10、10分の15、10分の20、10分の30、10分の40のうち都市計画において定められた数値

⑤ 用途地域の指定のない区域内の建築物

10分の5、10分の8、10分の10、10分の20、10分の30、10分の40のうち、特定行政庁が土地利用の状況等を考慮して定めた数値

地階の住宅部分の床面積についても、容積率算定上の延べ面積から除外されます。天井面が地盤面からの高さ１ｍ以内にあり、住宅の用途に使っていれば、住宅として使う部分の床面積の合計の３分の１を限度として、容積率の算定に用いる延べ面積から除外されます。

　さらに、共同住宅の共用の廊下や階段の床面積は、容積率算定上の延べ面積から除外されます。その他、備蓄用の倉庫や、蓄電池、自家発電用設備の設置場所等の、大きな災害に備えるためのスペースも、一定の割合で除外されます。

▓▓ 道路幅による容積率の制限

　容積率の制限は、用途地域で定められた制限の他に、前面道路が12m以下である場合には、道路幅による制限もあります。前面道路の幅員のmの数値に、用途地域によって定められた、一定の割合を乗じた数値以下でなければならないとされています。

　この場合の容積率は、用途地域による数値と、道路幅の制限による数値を比べ、より厳しい方の数値を取ることとされています。

▓▓ 特定道路による前面道路幅員の緩和

　幅員15m以上の道路を「特定道路」といいます。次ページ図のように、特定道路に接続する６ｍ以上12m未満の道路に接する建築物で、特定道路から70m以内にある建物については、容積率に関する規制が緩和されます。具体的には、建物と接する道路（前面道路）の幅に一定の割増しを行い、容積率を加算します。

　また、建築物の敷地が計画道路（新しく作ろうとする道路やその計画のこと）に接しており、特定行政庁が許可した建築物については、計画道路を前面道路とみなして容積率を計算することができます。この場合は、計画道路がかかる部分の面積を敷地面積から除外します。

第２章 ◆ 都市計画区域内における規制　　79

■■ 外壁を後退させるルールがある

第1種低層住居専用地域や第2種低層住居専用地域内においては、建築物の外壁や柱の面から敷地境界線までの距離（外壁の後退距離）は、都市計画において外壁の後退距離の限度が定められた場合には、原則としてその限度以上に後退させる必要があります。

この外壁の後退距離が決められた場合に建物を建てる場合には、境界線から1mまたは1.5m分、外壁を離す必要があります。

■■ 敷地面積の最低限度について規定がある

建築物の敷地面積については、都市計画において用途地域ごとに建築物の敷地面積の最低限度を定めることができます。ただし、その最低限度は、200㎡を超えてはならないとされています。

なお、以下のいずれかに該当する建築物の敷地については、この規制の対象から除外されています。

・建ぺい率の限度が10分の8とされている防火地域内にある耐火建築物等
・公衆便所、巡査派出所などの公益上必要な建築物
・敷地の周囲に広い公園、広場、道路その他の空地がある建築物で

■ 特定道路と接続する道路についての容積率の緩和

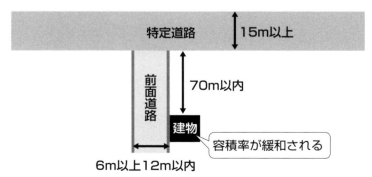

あって、特定行政庁が市街地の環境を悪化させるおそれがないと認めて許可したもの

・特定行政庁が用途上または構造上やむを得ないと認めて許可した建築物

■ 用途地域ごとの建ぺい率制限 ·······································

地域区分		原則数値 (%)	特例		
			㋐防火地域内の耐火建築物等	㋑準防火地域内の準耐火建築物等	㋒特定行政庁の指定する角地
用途地域	①第1種低層住居専用地域	30、40、50、60 ※1	＋10%	＋10%	＋10% ※4
	②第2種低層住居専用地域				
	③田園住居地域				
	④第1種中高層住居専用地域				
	⑤第2種中高層住居専用地域				
	⑥第1種住居地域	50、60、80 ※1	＋10% (80%の地域では＋20%) ※3		
	⑦第2種住居地域				
	⑧準住居地域				
	⑨準工業地域				
	⑩近隣商業地域	60、80 ※1			
	⑪商業地域	80	＋20% ※3		
	⑫工業地域	50、60 ※1	＋10%		
	⑬工業専用地域	30、40、50、60 ※1			
用途地域の指定のない区域		30、40、50、60、70 ※2			

※1　複数の数値の中から都市計画で決定。
※2　複数の数値の中から特定行政庁が都道府県都市計画審議会の議（判断）を経て決定。
※3　建ぺい率は100%（制限なし）となる。しかし、民法で「外壁を隣地境界線から50cm以上離す」との規定があることなどに注意を要する。
※4　「㋐と㋒」または「㋑と㋒」の特例を満たす建物は「＋20%」になる。

第2章 ◆ 都市計画区域内における規制　　81

6 建築物の高さの制限について知っておこう

5種類の制限がある

■■ 高さ制限のルールの概要

　高さのある建築物が建築されると、日照や通風が阻害され、周囲の環境を悪化させるおそれがあります。そのため、建築基準法では建物の高さを制限しています。まず、低層住居専用地域などでは絶対高さの制限があり、その高さを超える高さの建物を建ててはいけないことになっています。さらに、建物の日照、通風を確保するための道路斜線制限、北側斜線制限という種類の高さ制限も存在します。

　また、商業地域、工業地域、工業専用地域以外の地域では、日影規制という、周囲の敷地に対して日影を作る時間を制限した規定も適用されます。

　絶対高さ制限とは、建築物の高さを地盤から一定の高さ以内に制限することをいいます。具体的には第1種・第2種低層住居専用地域では良好な住環境を保護するため、原則として建築物の高さは10mまたは12mのうち都市計画において定められたものを超えてはならないという絶対的な高さ制限が加えられています。なお、令和5年（2023年）4月1日に施行された改正建築基準法により、再生可能エネルギー源の利用に資する設備の設置のため必要な屋根などに関する工事（屋根の断熱改修工事や屋上への再エネ設備の設置など）に際して、特定行政庁の許可があれば、その許可の範囲内で、建築物の高さを10mまたは12mを超えるものとすることができるようになりました。

■■ 道路斜線制限とは

　道路斜線は、道路上空の建物を建てられる部分を制限して、採光や

通風を確保するための制限です。下図を例に考えてみましょう。まず、敷地と道路の境界線上（下図のB）に道路幅（下図では4m）に対して1.25倍（商業、工業系の地域では1.5倍）の長さの垂線を引きます。

次に、この垂線の終点に向かってAから斜線を引きます。このとき、Bから引いた線の終点とAから引いた斜線が交わる点をXとします。そうすると、ABXの三角形ができます。このAXの直線をさらに上空に向かって延長した先をPとします。このAPの線を道路斜線といい、容積率に応じて定められた距離の範囲（下図では20m）にある建物は、道路斜線の下に収まっていなければならないというのが道路斜線制限です。この場合に基準となる容積率と適用を受ける距離については、建築基準法の別表第三に記載されています。

■ **道路斜線による制限**

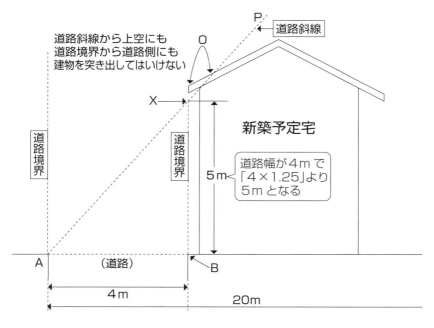

前ページの図では、道路斜線から上空に突き出した部分（図のＯの部分）が制限を超えていることになります。

■■ 道路斜線制限の緩和措置・特例

　道路斜線制限については緩和措置が設けられています。

・道路境界線から後退して建物を建てる場合

　道路境界線から後退して建物を建てた場合には、後退した距離の分だけ前面道路の反対側の境界線も離れたとみなし、幅員に足すことができます。

　通常後退した部分には建物は建てられませんが、以下のものであれば建築することができます。

- ・物置などで、軒の高さが2.3m以下、床面積の合計が５㎡以内といった条件を満たすもの
- ・ポーチなどで、高さが５m以下といった条件を満たすもの
- ・道路に沿って設けられる高さが２m以下の一定の条件を満たす門や塀
- ・隣地境界線に沿って設けられる門または塀
- ・歩廊、渡り廊下などで、特定行政庁がその地方の気候や風土の特殊性、土地の状況を考慮して規則で定めたもの
- ・この他、前面道路の中心からの高さが1.2m以下のもの

・建築物の前面道路が２つ以上ある場合の特例

　建築物の前面道路が２つ以上ある場合、すべての前面道路の幅員について幅員がもっとも大きい前面道路と同じものとみなす特例があります。特例が適用される範囲は以下の①、②です。

① 　幅員がもっとも大きい前面道路の境界線からの水平距離がその前面道路の幅員の２倍以内であり、かつ水平距離が35m以内の部分

②　その他の前面道路の中心線からの水平距離が10mを超える部分

・その他の緩和措置

　前面道路の反対側に公園、広場、水面などがある場合には、前面道路の反対側の境界線は、公園、広場、水面などの反対側の境界線にあるものとみなします。

　また、建築物の敷地の地盤面が前面道路より1m以上高い場合には、その前面道路は、敷地の地盤面と前面道路との高低差から1mを引いたものの2分の1だけ高い位置にあるものとみなします。

▓▓ 隣地斜線制限とは

　隣地間で近接した建物の通風や日照を確保するための高さ制限に隣地斜線制限があります。隣地斜線制限が適用される地域は、73ページに掲載した13種類の用途地域のうち、第1種低層住居専用地域と第2種低層住居専用地域を除く11種類の地域です。第1種低層住居専用地域と第2種低層住居専用地域に、隣地斜線制限が適用されないのは、隣地斜線制限よりも厳しい絶対的高さ制限のルールがあるからです。

---

①　住居系の地域の場合、建物の高さ20mを超える部分について、傾斜が1：2.5の斜線の範囲に収まるように建築しなければならない（次ページ図a）

②　商業系・工業系地域の場合、建物の高さ31mを超える部分の傾斜が1：2.5の斜線の範囲に収まるように建築しなければならない（次ページ図b）

▓▓ 隣地斜線制限の緩和

　隣地境界線から後退して建物を建てる場合、隣地斜線制限が緩和されます。隣地境界線から後退した場合、道路斜線の時と同様に、後退

第2章 ◆ 都市計画区域内における規制　　85

した分だけ隣地側に離れた所から斜線を立ち上げます。道路斜線と違うのは、20m（31m）の立上りから上で後退すれば、その分だけ緩和が受けられます（下図ｃ）。

　また、建築物の敷地が公園、広場、水面などに接する場合には、その公園、広場、水面に接する隣地境界線は、公園、広場、水面の幅の２分の１だけ外側にあるものとみなされます。さらに、建築物の敷地

■ **隣地斜線制限のイメージ** ┈┈┈┈┈┈┈┈┈┈┈┈┈┈┈┈┈┈┈┈

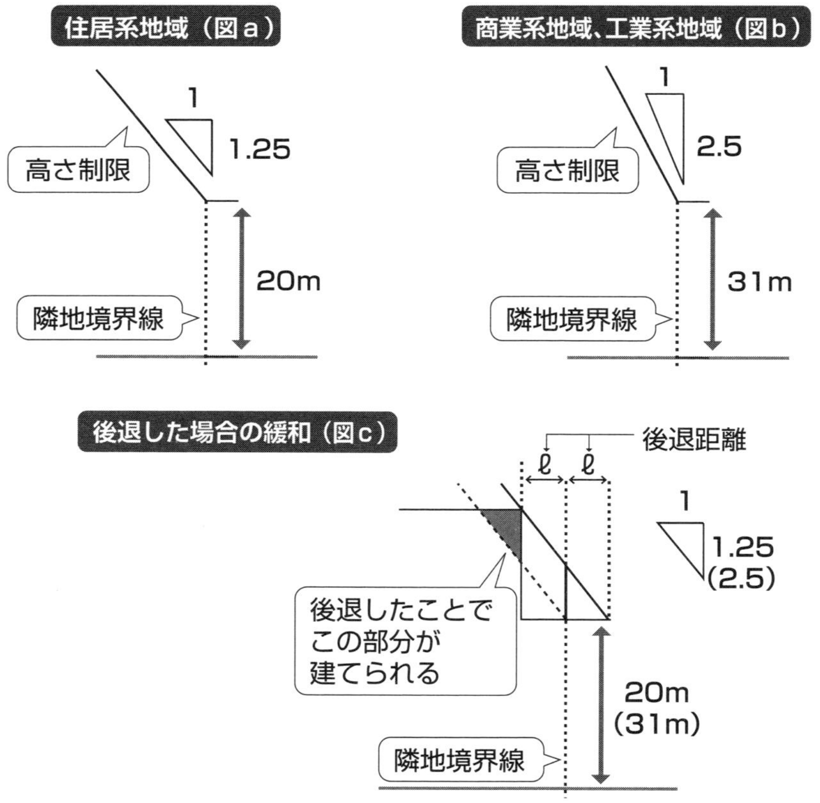

住居系地域（図ａ）

1 : 1.25

高さ制限

20m

隣地境界線

商業系地域、工業系地域（図ｂ）

1 : 2.5

高さ制限

31m

隣地境界線

後退した場合の緩和（図ｃ）

後退距離

ℓ　ℓ

1 : 1.25（2.5）

後退したことでこの部分が建てられる

20m（31m）

隣地境界線

86

の地盤面が隣地の地盤面より１ｍ以上低い場合には、その建築物の敷地の地盤面は、高低差から１ｍを引いた数値の２分の１だけ高い位置にあるものとみなします。

■■ 北側斜線制限と緩和措置

　北側斜線制限とは、北側にある隣地の日照を確保するための建物の高さ制限です。北側斜線の制限があるのは低層住居専用地域と中高層住居専用地域です。低層住居専用地域の場合、真北方向の隣地境界線について、地盤面から５ｍの高さを起点に傾斜が１：1.25の斜線の範囲に収まるように建築しなければなりません。また、中高層住居専用地域の場合、地盤面から10ｍの高さを起点に傾斜が１：1.25の斜線の範囲に収まるように建築しなければなりません（下図参照）。

　ただし、一定の場合に北側斜線制限を緩和する措置も認められています。北側の前面道路の反対側に水面、線路敷などがある場合や、水面、線路敷などに接する場合には、前面道路の反対側の境界線や水面、線路敷に接する隣地境界線は、それらの幅の２分の１分だけ外側にあるものとみなされます。

■ 北側斜線制限のイメージ

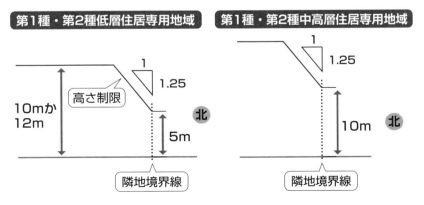

また、隣地斜線の時と同様に自分の敷地が隣地より低い場合の緩和があります。敷地の地盤面が北側の隣地の地盤面より1m以上低い場合、その建築物の敷地の地盤面は、隣地との高低差から1mを引いた数値の2分の1分だけ高い位置にあるものとみなされます。

■■ 天空率による高さ制限の緩和

　天空率とは、ある地点からどれだけ天空が見込まれるかの割合を示したものです。建築基準法では、斜線制限ギリギリに敷地の幅いっぱいに建てた建物と、高さが高く、斜線には当たってしまうがよりスリムな建物とを比較して、後者の方が天空率が多くなった場合、斜線制限の目的である、通風や採光が確保されたものとして緩和を適用できることになっています。

■■ 日影による中高層建築物の高さの制限

　日影規制は、中高層建築物によって日影が生じる時間を制限し、周囲の敷地にある建築物が一定の日照時間を確保できるようにする規制です。日影規制は、建物の形態を直接に規制するわけではありません。

　建築物の周辺に生じる日影を規制することで、間接的に建築物の形態を規制しています。日影規制は、全国一律に適用されるものではありません。地方の気候や風土にあわせて、都道府県や市町村などの地方公共団体が条例によって日影時間を指定します。たとえば、第1種低層住居専用地域に存在する軒の高さが7mを超える建築物（または地上3階以上の建築物）の場合、基準地点の水平面において原則として3時間以上日影を生じさせてはいけません。

　なお、商業地域、工業地域、工業専用地域、高層住居誘導地区、都市再生特別地区は日影規制の対象外です。日影を測定するのは、最も日照時間が短い冬至の日になります。対象となる測定時間は、午前8時から午後4時までの8時間の間です。

第3章
防火対策

　この章では、建築物の安全性に欠かすことのできない防火対策についての基本的な事柄について説明します。

　防火地域・準防火地域といった都市計画による規制、耐火建築物・準耐火建築物などの建物の性能規定や、不燃材料、準不燃材料、難燃材料などの材料の性能規定とこれらの材料を用途や規模によって制限する内装制限等について見ていきましょう。

1 建築物の防火について知っておこう

建築物を建てる際は防火に関するルールを守る必要がある

■ 防火について

建築物には利便性や快適さと共に災害から身を守るための安全性が求められます。災害の種類は様々ですが、火災もその1つです。火災から私たちの生命・財産を守るために、建築物には、①火災が発生しにくい性能、②近隣からの延焼を防ぐ性能、③安全に避難できることができる性能の3つの性能が備わっている必要があります。建築物にこれら3つの性能を備えることを防火といいます。

日本の建築物、特に住宅は木造のものがほとんどです。木造建築物は火災に対して弱く、木造建築物が多い市街地で大火が発生した際には、住民に大きな被害を与えてきました。建築物で火災が起こると、生活の拠点となる住居が焼失してしまうだけではなく、家財道具も失ってしまいます。また、時には火災によって生命を落としてしまうこともあります。そのため、建築基準法や都市計画法では様々な防火のための規定が置かれています。

なお、火災が発生した際の通報や応急消火などの対策も大切ではあ

■ 防火の目的

①建築物の耐火性確保	②延焼防止	③避難性確保
耐火性の高い建築資材を用いる	防火地域を定める 延焼対策を定める	避難経路の確保

↓

防 火

90

りますが、それは消防隊の消火活動と一体のものとして、消防法に規定が置かれています。

■■ 都市計画法や建築基準法が定める防火対策

具体的に法律ではどのような形で防火対策を定めているのでしょうか。

都市計画法では、市区町村などが行う都市計画において、市街地における火災の危険を防除するための地域として防火地域・準防火地域を定めることができると規定されています。防火地域とは建築物を火災に耐えられる構造にするなどの義務付けがある地域を指します。

準防火地域は防火地域と同様に建築物を火災に耐えられる構造にするなどの義務付けがある地域を指しますが、準防火地域の規制内容は防火地域のそれよりもおおむね緩やかなものとなっています。

建築基準法では、その他に火災が発生しにくい材料で建物を造ること、近隣からの延焼で燃えやすい箇所を防火性能の高いものにすること、避難が容易になるように道路に接する形で建物を建てること、などが定められています。

■ 防火の考え方

※消防用設備等についての説明については172ページ参照

第3章 ◆ 防火対策

2 防火地域・準防火地域について知っておこう

建築物には地域によって様々な防火上の制限がある

■■ 防火地域とは

　防火地域とは、建築物を火災に耐えられる構造にするなどの義務付けがある地域を指します。防火地域は市街地における火災の危険を防除するための地域として行政が指定します。建築物の防火上の規制が最も厳しい地域です。

■■ 防火地域内の建築制限

　市区町村などの自治体が定める防火地域は、おもに駅前や主要幹線道路沿いなどの地域がほとんどです。それらの地域には人やビルが密集しており、災害時には甚大な被害が発生するおそれがあります。そのため、防火地域内の建築物は、原則として、防火上の性能が高い耐火建築物または準耐火建築物にしなければなりません。

　耐火建築物とは、通常の火災時の火熱に対し、主要構造部（壁、柱、床、はり、屋根または階段）が損傷しにくく、近隣への延焼を防止することができる建築物です。

　準耐火建築物とは、通常の火災による火熱が加えられた場合に一定の時間（30分〜45分）、建物の倒壊と近隣への延焼を防ぐ性能をもった建築物のことです。

　防火地域内の建築物を耐火建築物にすべきか、それとも準耐火建築物でもよいかは、その建築物の規模によって判断します。具体的には、３階建て以上の建築物または延べ床面積（各階の床面積の合計）が100㎡を超える建築物は、耐火建築物または延焼防止建築物（耐火建築物と同等の性能をもつ、延焼防止性能が高い建築物）にしなければ

なりません。これ以外の規模の建築物（2階建て以下でかつ延べ床面積が100㎡以内）の場合は、準耐火建築物であればよいことになります（耐火建築物や延焼防止建築物にしても問題ありません）。

このように、建てることができる建築物が一定の耐火性を備えた建築物に限定される反面、防火地域では、建ぺい率の規制が撤廃または緩和されます。

■ 準防火地域内の建築制限

防火地域の他に、建築物の防火上の規制が設けられている地域として「準防火地域」があります。準防火地域とは、防火地域と同様に建築物を火災に耐えられる構造にするなどの義務付けがある地域を指し、準防火地域の規制内容は防火地域のそれよりもおおむね緩やかなものとなっています。

準防火地域はおおむね防火地域の周囲を囲むような形になり、おもに住宅密集地にあります。このような地域にある建築物も防火上の制

■ 防火地域内の建築物の特例

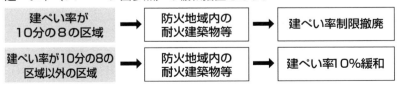

第3章 ◆ 防火対策

限を受けることになりますが、規模によっては木造建築物を建てることも可能です。

　耐火建築物または延焼防止建築物としなければいけないのは、4階建て以上の建築物または延べ床面積が1500㎡を超える建築物です。

　準耐火建築物としなければいけないのは、3階建て以下でかつ延べ床面積が500㎡を超え1500㎡以下の建築物です。なお、準耐火建築物ではなく、耐火建築物や延焼防止建築物、または準延焼防火建築物（準耐火建築物と同等の性能をもつ建築物）でもかまいません。

　地上3階建ての建物で、かつ、延べ床面積が500㎡以下の建築物は、耐火建築物、準耐火建築物、延焼防止建築物または準延焼防止建築物としなければなりません。

　なお、2階建て以下で、かつ延べ床面積が500㎡以下であれば、このような制限を受けずに木造建築物を建てることができます。ただし、外壁や軒裏などは周囲の火災からの延焼を防ぐ構造（防火構造）でなければなりません。

　また、準防火地域内の耐火建築物・準耐火建築物は、特例として、建ぺい率が10％緩和されます。

▓▓ 法22条区域について

　法22条区域とは、建築基準法22条に規定された地域で、建築物の屋根や外壁について防火上の制限を受ける地域になります。

　法22条区域は、準防火地域のさらに外側を囲い込むような形になるのが一般的であり、防火地域や準防火地域に比べると規制が緩い地域になります。

▓▓ 屋根の不燃化について

　法22条区域では、建築物の屋根について、コンクリートやレンガなどの燃えない材料にするか、瓦などで覆うようにしなければなりません。

また、外壁も近隣からの延焼のおそれがあるので、法22条区域では、隣接する建物に面した外壁は土塗壁などの燃えない材料にしなければなりません。

■■ 建築物が防火地域と準防火地域の２つにわたって建てられた場合について

　防火地域と準防火地域では規制内容が異なるため、それぞれの地域では、建てることができる建築物の規模や使用することができる建築材料が異なります。

　防火地域と準防火地域の２つの地域にわたって建築物が建てられた場合には、どちらの地域の規定が適用されるのでしょうか。

　このように２つ以上の異なる区域にわたって建築物が建てられた場合、規制内容がより厳しい方の規定が適用されることになります。したがって、防火地域と準防火地域の２つの地域にわたって建築物が建てられた場合、規制内容がより厳しい、防火地域の規定が適用されることになります。

■ 準防火地域の建築制限

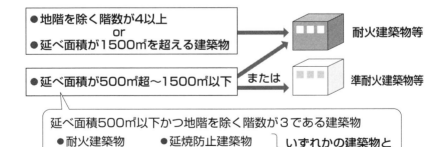

3 防火設備と防火区画について知っておこう

防火区画には4種類がある

防火設備・特定防火設備とは

　建築基準法では、火災の発生時に炎や煙が拡散することを防いで避難経路を確保するために、建築物には防火設備を設置しなければならないと定めています。

　建築基準法が定める防火設備には、「防火設備」と「特定防火設備」の2種類があります。

　防火設備とは、扉や窓のような外壁の開口部のうち、炎を遮る性能のある設備であって、加熱開始から20分間以上火災室の外に火炎を出さない性能を持ったものをいいます。このような炎を遮る性能のことを遮炎性能といいます。

　遮炎性能には、建物内部で発生した火災が隣接する建物に延焼するのを防ぐ性能と、外部から建物への延焼を防ぐ性能の2種類があり、防火設備はこの両方の性能を併せもつ必要があります。

　防火設備の例としては、鉄板の厚さが0.8mm以上の鉄製扉や、建築物を水幕で覆うドレンチャーとよばれる装置などがあります。

　また、特定防火設備とは、防火設備よりも遮炎性能に優れた扉・窓などの開口部であって、継続して炎を遮る時間が1時間以上のものをいいます。特定防火設備の例としては、鉄板の厚さが1.5mm以上の鉄製扉や鉄製シャッターなどがあります。

防火区画とは

　防火区画とは、火災の発生時に、炎や煙の拡大を一定の範囲内に留めることを目的として設置される建築物内部を区画する単位のことです。

耐火建築物、準耐火建築物について、防火区画の設置基準が定められており、耐火構造や準耐火構造の壁や床、防火設備などによって区画されます。

防火区画の設置対象となる建築物等ごとに、必要となる設備が異なります。たとえば、床面積の広さ、区画の対象条件（厨房設備・危険物保管庫などの危険性の高い区画）、配管・ダクトの貫通処理などの様々な条件において、独自の規定が設けられています。

防火区画の種類

建築基準法では、防火区画の種類として、面積区画、高層区画、竪穴区画、異種用途区画の4種類を定め、それぞれについて規定を設けています。

防火区画を設置する場合、対象となるエリアを一定の面積や用途によって区分し、区画を分けます。なお、この際、開口部となる部分には防火設備を設ける必要があります。

防火区画によって区切られる範囲は、防火区画の種類や建築物そのものの防火上の性能によって異なります。

面積区画、高層区画、竪穴区画、異種用途区画の具体的内容は以下の通りです。

面積区画とは

面積区画とは、一定の面積の空間で火災が一挙に燃え広がることを防ぎ、被害を局所的なものにとどめるために、耐火構造の床や壁、特定防火設備により区画するものです。区画面積が小さければ小さいほど、厳しい防火区画になります。

・耐火建築物の面積区画

耐火建築物の面積区画は床面積1500㎡以内ごとに区画するとされています。ただし、防火区画に関する建築基準法の設置基準は主要構造

第3章 ◆ 防火対策　　97

部を「耐火構造」とした建築物としており、厳密には耐火建築物とは限定していません。したがって、主要構造部の部材が「耐火構造」で建築されている場合は、この規定が適用されることになります。

・準耐火建築物の面積区画

　準耐火建築物の面積区画は、防火・準防火地域の規制の有無や用途、規模によって、設置基準が異なります。

　まず、防火地域・準防火地域の規制がなく、比較的防火規制の緩い用途で階数が低くても大規模な物や、自主的に準耐火建築物にした建築物に関する面積区画の規定は、耐火建築物の面積区画規定同様、床面積1500㎡以内ごとに区画するとされています。

　逆に防火・準防火地域の規制や、用途や階数の制限で準耐火建築物にした場合は原則500㎡以内ごとに区画するとされています。

　しかし、通常、ロ準耐−2と呼ばれる、柱・はりを不燃材料で作ることで準耐火建築物とした場合は1000㎡以内ごとに区画するとされています。

■■ 高層区画とは

　高層区画とは、建築物の11階以上の部分に対して、一定の面積のごとに設ける防火区画です。高層階になればなるほど消火活動・救助活動が困難になることから、面積区画より厳しい規定が適用されます。高層区画は、原則として各階の100㎡以内ごと、耐火構造の壁や床、防火設備で区画する必要があります。ただし、11階以上の階層にあたる高層区画であっても、内装の仕上げ・下地共に準不燃材料（108ページ）を用いた区画に関しては倍の200㎡以内ごとに区画するとされています。

　さらに、内装の仕上げ・下地とも不燃材料（108ページ）を用いた場合には、各階の床面積500㎡以内ごとに区画するとされています。

■ 竪穴区画とは

　竪穴区画は、火災や煙が階段など上下階を縦に貫通する部分（竪穴）を経由して上の階に広がることを防ぐために設けるものです。

　主要構造部を準耐火構造とし、地階または3階以上の部分に居室がある建築物に適用され、階段室やエレベーターシャフト、フロアーに設けられた吹き抜け、ダクトスペースなどの部分とその他の部分とを、準耐火構造の壁と防火設備で区画する必要があります。

■ 異種用途区画とは

　複数の用途で用いられる建築物に多くの人が出入りする場合、用途の違いによって利用方法や利用者が異なり避難が困難になることが予想されます。そのため、防火上、それぞれの部分を区画する必要があります。この区画のことを異種用途区画といいます。

　たとえば、建築物の一部に、学校・劇場・映画館・集会場・マーケット・公衆浴場・百貨店・共同住宅・病院などの用途で用いる部分がある場合には、その部分と他の部分とを区画しなければなりません。その際には、準耐火構造の壁や防火設備によって区画する必要があります。また、建築物の一部に耐火建築物、あるいは準耐火建築物としなければならない特殊建築物（110ページ）がある場合には、その部分と他の部分を1時間準耐火構造の床・壁、特定防火設備で区画しなければなりません。

■ 配管やダクトについて

　防火区画は、前述のように、火災の発生時に火災や煙の拡大を一定

■ 防火区画の種類

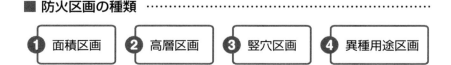

第3章 ◆ 防火対策　99

範囲内に留めることを目的として設置される区画の単位です。

したがって、防火区画内において防火区画から火災が広がるような空洞や隙間があることは原則として認められません。

しかし、建築物内部を貫通する給水管や配電管などはほとんどの建築物で必要になるものです。

そこで、建築基準法では防火区画を貫通する各種配管やダクトについて以下のように貫通処理の規定を定めています。

まず、防火区画を貫通する配管（防火区画の両側１ｍ以内の配管）自体を不燃材料で作らなければなりません。ただし、１時間耐火構造の床、壁、特定防火設備で建築物の他の部分と区画された「パイプシャフト」「パイプダクト」などの中にある部分は不燃材料ではないものを使うことができます。次に、穴の周辺と壁の隙間については適応力が高く扱いやすいモルタルやガラス繊維素材のグラスウールなどの不燃材料で穴の隙間を埋めます。その他、火災や熱に反応してすき間を埋めることのできる、認定材料等もあります。

このような処理を施すことで火災発生時の被害を最小限に抑えることができます。

■ 面積区画、高層区画、竪穴区画、異種用途区画 …………………

面積区画	一定の面積ごとに、準耐火構造の床や壁、特定防火設備によって区画する防火区画
高層区画	建築物の11階以上の部分に対して、一定の面積のごとに、耐火構造の床や壁、特定防火設備によって区画する防火区画
竪穴区画	火災や煙が階段など上下階を縦に貫通する部分（竪穴）を経由して上の階に広がることを防ぐために、該当部分と他の部分とを、準耐火構造の床や壁、特定防火設備によって区画する防火区画
異種用途区画	建築物の一部が用途の異なる特殊建築物である場合に、該当する部分と他の部分とを、準耐火構造の床や壁、特定防火設備によって区画する防火区画

4 耐火建築物と準耐火建築物について知っておこう

火災による倒壊や延焼を防ぐ性能をもつ

■■ 耐火建築物とは

　耐火建築物とは、主要構造部が耐火構造である建築物のことです。

　耐火建築物は、屋内で火災が発生したケースや、その建物の周辺で火災が発生したケースにおいて、近隣への延焼を防ぐことができ、火災によって建築物が倒壊したり、建築物自体が極端に変形することがないものである必要があります。

■■ 耐火構造について

　耐火構造とは、火災が収まるまで建物が倒壊・延焼しない性能（耐火性能）をもつ建築物の構造のことです。耐火性能は、非損傷性、遮熱性、遮炎性の3つを合わせたものになります。

　非損傷性とは、柱や壁などに対して火災による火熱が一定時間加えられた場合に、変形や溶融などの損傷が生じない性能のことです。基準となる加熱時間は、壁や柱などは建築物の階数に応じて1時間～3時間になります。また、屋根や階段は30分が基準となる加熱時間になります。

　遮熱性とは、壁や床に火災による熱が一定時間加えられた場合に、加熱面以外の面が可燃物が燃焼する温度以上に上昇しない性質のことです。基準となる加熱時間は、原則として1時間になります。

　遮炎性とは、外壁や屋根が、屋内で発生した火災による火熱が一定時間加えられた場合に屋外に火炎を出すような亀裂を生じない性質のことです。基準となる加熱時間は、こちらも原則として1時間になります。

第3章 ◆ 防火対策　101

これらの性能をもちあわせることで、建物が耐火構造をもつことになります。

　なお、耐火構造の構造方法としては、たとえば、間仕切壁の構造について、「鉄筋コンクリート造、鉄骨鉄筋コンクリート造又は鉄骨コンクリート造で厚さが10cm以上のもの」などと定められています（平成12年建設省告示1399号「耐火構造の構造方法を定める件」）。

■ 準耐火建築物とは

　準耐火建築物とは、主要構造部が準耐火構造である建築物であり、外壁の開口部で延焼のおそれのある部分に遮炎性能をもち、防火設備が備えられたもののことです。

　準耐火建築物は、その建物の屋内や周囲で火災が発生した際に、簡単には倒壊や延焼をしない建築物です。

　耐火建築物は、通常の火災が終了するまでの間、建築物が倒壊・延

■ 耐火建築物にあたるかどうか

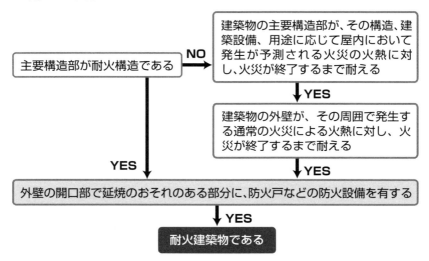

焼しないことが必要ですが、準耐火建築物は、通常の火災による延焼を抑制するために必要な性能を有する建築物であればよく、倒壊を防ぐことまでは必要とされていません。

■■ 準耐火構造について

　準耐火構造とは、壁や柱などが火災による延焼を抑制する準耐火性能をもっている構造のことです。準耐火性能があるかどうかは、耐火性能と同様に非損傷性、遮熱性、遮炎性の3つの基準から判断されます。

　非損傷性については、柱や壁が火災による熱を加えられた状態で、45分間変形や損傷を生じないことが必要とされています。準耐火性能では、消防活動が行われた場合に延焼を防止できればよいので、火災が終了するまでではなく45分間損傷が生じないことが必要とされてい

■ 耐火構造にあたるかどうか

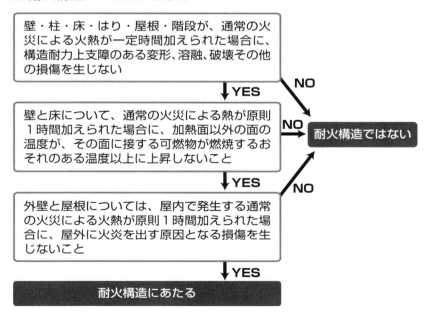

ます。屋根や階段については、耐火構造と同じく30分とされています。

　遮熱性については、壁や床に火災による熱が加えられた場合に、加熱を開始してから、原則として45分間はその加熱面以外の面の温度が可燃物が燃焼する温度に上昇しないことが必要です。

　遮炎性については、屋根や外壁が、屋内で発生した火災の熱により、加熱が始まってから、原則として45分以内に亀裂が生じないことが必要です。

■■ 耐火建築物や準耐火建築物にしなければならない建築物

　建物を耐火建築物や準耐火建築物にしなければならないかどうかは、①建物が特殊建築物かどうか、②建物が防火地域・準防火地域にあるかどうか、という点が基準になります。

　まず、劇場・映画館・集会場や病院、学校、百貨店、飲食店などの、特に不特定多数の利用が見込まれる「特殊建築物」にあたる建築物については、その階数や規模に応じて、耐火建築物または準耐火建築物

■ 準耐火建築物にあたるかどうか

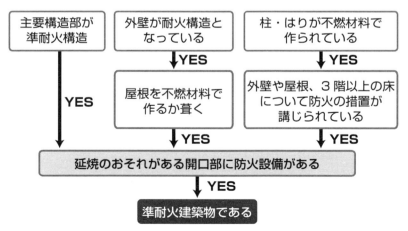

にすることが義務付けられています。

　なお、耐火建築物にしなければならない建物のうち、3階を共同住宅や下宿として利用するなど一定の要件を満たす場合には、耐火建築物ではなく準耐火建築物とすることが認められています。

　また、92ページで述べたように、防火地域内の建築物で3階建て以上の建築物または延べ床面積が100㎡を超える建築物など、一定の規模を超える建築物についても、耐火建築物や準耐火建築物にすることが義務付けられます。

■ **準耐火構造にあたるかどうか**

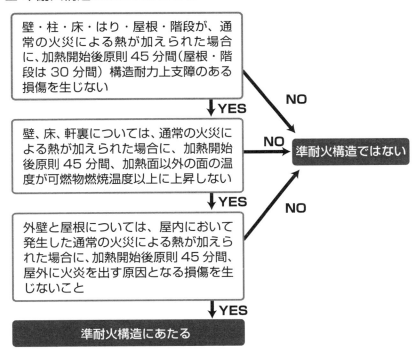

5 準防火地域内の木造建築物の 防火措置について知っておこう

火災や延焼を防止するための一定の基準が設けられている

■■ 火災や延焼を防ぐための様々な基準がある

　準防火地域では、「地上の階数が4階以上の建築物や延べ面積が1500㎡を超える建築物は耐火建築物とする」というように、一定の耐火性を備えなければ建設することができない建築物について定められています（94ページ）。そのため、準防火地域内に木造建築物を建てる場合には、火災や延焼を防ぐための様々な措置が求められます。

■■ 屋根についての規制

　建築物の屋根の素材について一定の基準が設けられています。準防火地域にある建物は、火災が発生した際に火の粉が燃え移ってさらなる火災が生じないような屋根を備えていなければなりません。具体的には、次のような基準を満たす屋根でなければなりません。

---

① 　屋根が、市街地における通常の火災から生じる火の粉により、防火上有害な発炎をしないものであること
② 　屋根が、市街地における通常の火災から生じる火の粉により、屋内に達する防火を行う上で有害な損傷を生じないこと

　具体的には「不燃材料で造るか葺く」「屋根を準耐火構造とする」等といった基準が定められています。ただし、不燃性の物品を保管する倉庫で、屋根以外の主要構造部が不燃性の材料で作られている場合には、②の基準を満たす必要はありません。

106

■■ 外壁についての規制

　準防火地域内にある建築物は、外壁の開口部で延焼のおそれのある部分に、遮炎性能をもった防火設備を設ける必要があります。これは、窓や換気口などの開口部から、火災が燃え広がることを防ぐための措置です。

　また、準防火地域内にある建物の外壁は、建築物の周囲で発生する火災によって延焼することを防ぐ性能をもっている必要があります。この性能のことを防火性能といいます。防火性能があるかどうかは、次のような基準から判断します。

> ・耐力壁である外壁が、建築物の周囲で発生する火災による熱が加えられた場合に、加熱開始後30分間は損傷を生じないものであること
> ・外壁および軒裏については、建築物の周囲で発生する火災による熱が加えられた場合に、加熱開始後30分間当該加熱面以外の面の温度が、可燃物が燃焼する温度以上に上昇しないものであること

■ 準防火地域内の木造建築物の防火措置

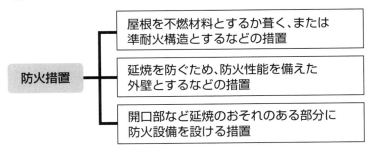

6 防火材料の基準について知っておこう

不燃材料、準不燃材料、難燃材料の３つがある

■■ 防火材料とは

　建築材料は、燃えにくさによって、不燃材料、準不燃材料、難燃材料その他それらの指定のないものの４つに分けることができます。

　不燃材料、準不燃材料、難不燃材料は、国土交通大臣が定めた材料または認定した材料のことで、この３つが防火材料に該当します。これらについては、建築基準法施行令に基準が定められています。

　建築材料の不燃性能の有無は、①材料が燃焼しない、②防火に支障が出る損傷や変形が生じない、③避難に支障が出る煙やガスを発生しない、といった３つの観点から判断します。ただし、建築物の外部仕上げに用いるものは、①、②の２つの観点から不燃性能の有無を判断します。

■■ 防火材料にはどんなものがあるのか

　不燃材料とは、火災によって熱が加えられた場合に、熱が加えられ始めてから20分以上①、②、③の状態を維持しているものをいいます。コンクリートやレンガ、鉄、ガラスなどが該当します。

　準不燃材料とは、火災による熱が加えられてから10分間①、②、③の状態を維持しているものをいいます。厚さが９mm以上のせっこうボードや厚さが15mm以上の木毛セメント板が準不燃材料にあたります。

　難燃材料とは、火災による加熱が始まってから５分間①、②、③の条件を満たしているものをいいます。難燃合板で厚さが5.5mm以上のものや厚さが７mm以上のせっこうボードが難燃材料にあたります。

108

■ 不燃材料の種類 ･･

```
1  コンクリート        2  れんが          3  瓦
4  陶磁器質タイル      5  石綿スレート      6  繊維強化セメント板
7  厚さが3mm以上のガラス繊維混入セメント板
8  厚さが5mm以上の繊維混入ケイ酸カルシウム板
9  鉄鋼        10  アルミニウム      11  金属板      12  ガラス
13  モルタル        14  しっくい        15  石
16  厚さが12mm以上のせっこうボード
    （ボード用原紙の厚さが0.6mm以下のもの）
17  ロックウール      18  グラスウール板
```

※建設省告示第1400号を基に作成

■ 準不燃材料の種類 ･･

```
1  不燃材料（上位互換）
2  厚さが9mm以上のせっこうボード（ボード用原紙の厚さが0.6mm以下のもの）
3  厚さが15mm以上の木毛セメント板
4  厚さが9mm以上の硬質木片セメント板（かさ比重が0.9以上のもの）
5  厚さが30mm以上の木片セメント板（かさ比重が0.5以上のもの）
6  厚さが6mm以上のパルプセメント板
```

※建設省告示第1401号を基に作成

■ 難燃材料の種類 ･･

```
1  準不燃材料（上位互換）
2  難燃合板で厚さが5.5mm以上のもの
3  厚さが7mm以上のせっこうボード（ボード用原紙の厚さが0.5mm以下のもの）
```

※建設省告示第1402号を基に作成

第3章 ◆ 防火対策

7 特殊建築物の防火措置について知っておこう

炎に強い建物にする必要がある

■■ 特殊建築物とは

　特殊建築物とは、特定の用途に用いる建物のことで、以下の建築物が特殊建築物として定められています（建築基準法2条2号）。

> 学校（専修学校及び各種学校を含む）、体育館、病院、劇場、観覧場、集会場、展示場、百貨店、市場、ダンスホール、遊技場、公衆浴場、旅館、共同住宅、寄宿舎、下宿、工場、倉庫、自動車車庫、危険物の貯蔵場、と畜場、火葬場、汚物処理場、その他上記に類する用途に供する建築物

■■ 特殊建築物の防火措置

　特殊建築物の場合、用途や規模に応じて建築物を耐火建築物または準耐火建築物にする必要があります。

　具体的に耐火建築物にする必要がある建築物は以下の通りです。

・建築物の3階以上の部分を劇場や映画館や集会場などに用いる場合
・劇場や映画館や集会場などに用いる客席が200㎡以上の場合
・建築物の3階以上の部分を病院やホテルや旅館などに用いる場合
・建築物の3階以上の部分を体育館や博物館や美術館などに用いる場合
・建築物の3階以上の部分を百貨店やナイトクラブやバーなどに用いる場合
・百貨店やナイトクラブやバーに用いる床面積の合計が3000㎡以上である場合

・建築物の中で３階以上の部分の200㎡以上を倉庫として用いる場合
・建築物の３階以上の部分を自動車修理工場や映画スタジオなどとして用いる場合

　また、以下の場合には建築物を耐火建築物または準耐火建築物にする必要があります。
・建築物の２階部分の300㎡以上を病院やホテルや旅館などに用いる場合
・体育館や博物館や美術館などとして用いている部分の面積が2000㎡以上である場合
・２階部分の百貨店やナイトクラブやバーなどに用いている面積が500㎡以上である場合
・倉庫として用いる部分が1500㎡以上である場合
・自動車修理工場や映画スタジオなどとして用いている部分が150㎡以上である場合

▓ 木造３階建ての下宿・共同住宅の防火措置

　木造３階建ての共同住宅や下宿は、原則として耐火建築物にする必要があります。しかし、以下の条件を満たした木造３階建ての共同住宅については、準耐火建築物にすることが認められています。
・防火地域以外の地域にあること
・地階を除く階数が３階（つまり地上３階建て）であること
・３階を共同住宅や下宿としての用途に使用すること
・１時間以上の準耐火性能（非損傷性、遮熱性、遮炎性）をもつ建物であること
・避難のために必要なバルコニーを設けること
・非常用の進入口を設けること
・幅員が３ｍ以上の敷地内道路を設けること
・３階の各宿泊室の外壁にある一定の条件を満たす開口部に防火設備を設けること

第３章 ◆ 防火対策　　111

8 大規模木造建築物等の防火措置について知っておこう

防火壁や間仕切壁が必要になる

なぜ特別な防火措置が必要なのか

大規模建築物とは、①高さが13mを超える建築物、②軒の高さが9mを超える建築物、③延べ面積が500㎡を超える建築物、この①〜③のいずれかに該当する建築物のことをいいます。大規模建築物については、特別な防火措置が必要になります。木材など可燃性の材料によって建てられている建物は燃えやすく、火災が広がりやすいという特徴があります。そのため、特別な防火設備を設けることが必要とされています。

主要構造部についての規定

まず、延べ面積が3000㎡を超える大規模木造建築物については、耐火性能検証法（耐火建築物に該当するかどうかを技術的な観点から検証する方法）によって検証された耐火建築物にする必要があります。ただし、延べ面積が3000㎡を超える場合であっても、火災の拡大を3000㎡以内に抑える防火壁等を設けた場合は、準耐火構造等を採用することが可能です。また、延べ面積が3000㎡以下で、高さが13mを超える建築物と、軒の高さが9mを超える建築物については、以下のうちいずれかの措置を講じる必要があります。

・地階を除く階を3階以下として、主要構造部を1時間の準耐火性能を有するものとし、さらに敷地内に幅員3m以上の道路を設ける

・柱やはりに集成材を用いて、柱脚を鉄筋コンクリートの基礎に緊結する

・耐火性能検証法により検証された耐火建築物にする

112

■■ 外壁や防火壁についての規定

　耐火建築物や準耐火建築物には該当しない延べ面積が1000㎡を超える建築物については、1000m以内ごとに防火壁での区画をする必要があります。設置する防火壁は、以下の条件を満たす必要があります。
・耐火構造とし、自立する構造とすること。
・木造の建築物の場合、無筋コンクリート造や組積造としないこと
・防火壁の両端と上端は、建築物の外壁面と屋根面から原則として50cm以上突出させること
・防火壁に設ける開口部の幅と高さは、それぞれ2.5m以下とし、これに特定防火設備を設けること。

■■ 界壁や間仕切壁などについての規定

　人が宿泊する建築物では、就寝時に火災が広がることで被害が大きくなる可能性があります。そのため、界壁や間仕切壁などに防火のための措置を講じる必要があります。具体的には、長屋または共同住宅の各戸の界壁は準耐火構造として、小屋裏か天井裏に達しているものである必要があります。

　また、学校、病院、ホテル、旅館、マーケットなどの用途に供する建築物については、その防火上主要な間仕切壁を準耐火構造として、小屋裏か天井裏に達していなければなりません。

■ 大規模木造建築物等と防火措置 ……………………………………

大規模木造建築物等の防火措置	構造耐力上主要な柱などを集成材とする
	構造耐力上主要な部分である柱が鉄筋コンクリートの基礎に緊結している
	1000㎡以内ごとの区画に防火壁があり、それらが屋根や外壁から50cm以上突出している

第3章 ◆ 防火対策　　113

9 内装材の使用制限について知っておこう

壁・天井の仕上げ材料について燃えにくいものを使用する必要がある

なぜ内装制限の規定があるのか

　建築物の防火には内装材も重要な役割を果たします。屋根や外壁を不燃化して周囲の火災による延焼を防いだとしても、内装材に防火のための措置が講じられていなければ、内部から生じた火災に耐えることができません。また、火災の際に内装材が燃えることで有毒ガスが発生してしまうと、避難に支障がでてしまいます。そのため、建築基準法には内装制限の規定が設けられています。

フラッシュオーバーとは

　フラッシュオーバーとは、室内で火災が起こった際に、可燃性のガスが部屋の上部にたまり、それが一気に引火して部屋全体が爆発するという現象のことです。

　フラッシュオーバーが起こると部屋全体が炎に包まれてしまいます。そのため、フラッシュオーバーが起こる前に部屋から避難する必要があります。

　フラッシュオーバーが起こる前に消火することを初期消火といいます。早い段階での消火活動や避難が重要であることを考えると、内装材を燃えにくくすることが必要だといえます。

どんな建築物が対象なのか

　内装制限を受ける建築物は以下の通りです。
・劇場、映画館、演芸場、観覧場、公会堂、集会場、病院、診療所、ホテル、旅館、下宿、共同住宅、寄宿舎、百貨店、マーケット、展

示場、キャバレー、カフェ、ナイトクラブ、バー、ダンスホール、遊技場などの用途に用いる特殊建築物で、一定規模以上のもの

・階数が3階以上で延べ面積が500㎡を超える建築物
・2階建の建物で延べ面積が1000㎡を超える建築物
・1階建ての建物で延べ面積が3000㎡を超える建築物
・調理室やボイラー室など火器を使用する設備を設置している建築物
・自動車車庫や自動車修理工場
・窓がない居室を有する建築物

どんな制限があるのか

内装制限を受ける建築物の内装については、以下のように、防火材料を使用することが求められています。

まず、居室については難燃材料（108ページ）を用いる必要があります（もちろん、不燃材料や準不燃材料を用いることもできます）。ただし、床から高さが1.2m以下の部分の壁については難燃材料でなくてもかまいません。天井も原則として難燃材料ですが、3階以上に居室がある場合の天井は準不燃材料を用いなければなりません。

■ 内装制限の対象となる建築物 ・・・・・・・・・・・・・・・・・・・・・・・・・・・・・・・・・

特殊建築物		大規模建築物	
居室の仕上げ材料に難燃材料か準不燃材料（3階以上の居室の天井）を使う	廊下、階段、通路の仕上げ材料に準不燃材料を使う	居室の仕上げ材料に難燃材料を使う	廊下、階段、通路の仕上げ材料に準不燃材料を使う

火器使用室	排煙上有効な窓がない居室
部屋の仕上げ材料に準不燃材料を使う	部屋、廊下、階段、通路の仕上げ材料に準不燃材料を使う

第3章 ◆ 防火対策　　115

なお、回り縁や窓台等の二次部材は制限の対象外となりますので、特殊建築物の内装であっても一般の材料を使用することができます。

また、一定の規模、用途の特殊建築物の地階に設ける居室、自動車修理工場、排煙上有効な窓がない居室などでは、内装に準不燃材料を用いる必要があります。

廊下や階段の壁や天井については、準不燃材料を用いる必要があります。避難階段については、仕上げにも下地にも不燃材料を用いなければなりません。

■■ 内装制限が適用されない場合もある

内装制限に関する規定の適用が除外される場合もあります。

まず、スプリンクラーなど自動の消火設備を設置し、これに加えて排煙設備を設けた場合には、内装制限の規定が適用されません。一定規模以上の特殊建築物のうち100㎡以内ごとに防火区画されている居室や、天井が6mを超えている無窓の居室についても内装制限の規定の適用が除外されます。

■ 特殊建築物の場合の内装の制限

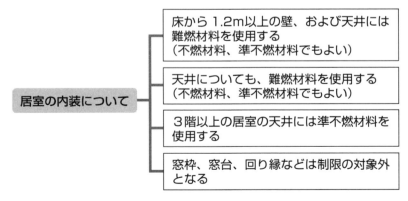

資料　耐火建築物又は準耐火建築物としなければならない特殊建築物

	（い）	（ろ）	（は）	（に）
	用途	（い）欄の用途に供する階	（い）欄の用途に供する部分（（1）項の場合にあっては客席、（2）項及び（4）項の場合にあっては2階、（5）項の場合にあっては3階以上の部分に限り、かつ、病院及び診療所についてはその部分に患者の収容施設がある場合に限る）の床面積の合計	（い）欄の用途に供する部分の床面積の合計
（1）	劇場、映画館、演芸場、観覧場、公会堂、集会場その他これらに類するもので政令で定めるもの	3階以上の階	200㎡（屋外観覧席にあっては、1000㎡）以上	
（2）	病院、診療所（患者の収容施設があるものに限る）ホテル、旅館、下宿、共同住宅、寄宿舎その他これらに類するもので政令で定めるもの	3階以上の階	300㎡以上	
（3）	学校、体育館その他これらに類するもので政令で定めるもの	3階以上の階	2000㎡以上	
（4）	百貨店、マーケット、展示場、キャバレー、カフェー、ナイトクラブ、バー、ダンスホール、遊技場その他これらに類するもので政令で定めるもの	3階以上の階	500㎡以上	
（5）	倉庫その他これに類するもので政令で定めるもの		200㎡以上	1500㎡以上
（6）	自動車車庫、自動車修理工場その他これらに類するもので政令で定めるもの	3階以上の階		150㎡以上

※上表は建築基準法別表第1に掲載されているものである

第3章 ◆ 防火対策　117

Column

複合日影の問題について

88ページで述べた日影規制は、1つの敷地に建つ建物の、周囲の敷地に一定の時間以上の日影が生じることを規制するルールです。

しかし、複数の建物の日影が重なり合うような場所も存在します。1つの建物によってではなく、複数の建物によって生じる日影を、一般に複合日影といいます。複合日影は、各建物による日影が重なり合う部分と、各建物が独自に作る日影の部分があり、1つの建物が作る日影と比べて範囲が広くなります。

たとえば、方角が異なる別々の敷地に建つ複数の建物により、日影が複合する場合などでは、各建物が日影を発生させる時間帯が異なるため、日照妨害の程度がきわめて大きくなる場合があります。

建築基準法の日影規制は1つの敷地の建物に対しての規制なので、複合日影の場合には、日影規制だけでは十分に解決できない場合が出てきます。その場合、民法などの他法令による解決が必要になってきます。

なお、日照権とは、ある土地、建物についてその場所で日照を享受することができる権利のことです。住民の日照を守るという運動と要求により作られてきた権利で、憲法25条が保障する健康で文化的な生活を営むために、太陽光を享受する権利あるいは憲法13条の幸福追求権の一内容とされています。

日照権の問題は、建物を建てようとする人と、既にその地域に住んでいた近隣の人という、私人間の関係に関わる内容なので、民法などの私法の対象分野に属します。一方、建築基準法は公法なので、日影規制が紛争にあたっての1つの基準となることはあるかもしれませんが、日照権とは別のものだと考えておくべきです。

第4章
避難施設

　建築物にはたくさんの人が集まるため、火災などの災害が起こった際に利用者が建築物の外に安全に避難できるようにしておくことが必要になります。この章では、建築物から安全に避難するための「避難施設」についての基本的な事柄について説明します。たとえば、建築物の上階から避難するための階段と、その階段に至るための廊下の規定や、それらの避難施設を有効に機能させるための非常用の照明装置や排煙設備等、消防隊が活動するための非常用の進入口や、非常用エレベーターの規定について説明しています。

　また、これらの規定を免除することができる避難安全検証法についても説明します。

1 避難施設について知っておこう

建築物の内部にいる人が安全に外へ避難するための施設

建築基準法における避難施設に関する規定

建築基準法は、人が多く集まる建築物に関して、廊下、階段、出入口、屋外通路、避難上有効なバルコニーなどの避難施設についての規定を設けています。

対象となる建築物は以下の4つです。

① 特殊建築物（110ページ）のうち、建設基準法別表第1い欄(一)〜(四)項の用途に利用するもの。おもなものは以下の通りです。

ⅰ劇場、映画館、演芸場、観覧場、公会堂、集会場など、ⅱ病院、診療所（患者の収容施設があるもの）、ホテル、旅館、共同住宅、寄宿舎など、ⅲ学校、体育館など、ⅳ百貨店、展示場、キャバレー、バー、遊技場など

---

② 階数が3以上である建築物
③ 有効採光面積が居室の床面積の20分の1以上ある窓などの開口部を有しない居室を有する建築物
④ 延べ面積が1,000㎡を超える建築物

廊下に関する規定

廊下の幅については用途、規模によって一定の制限があります。小・中・高等学校などの児童・生徒用の廊下は、中廊下で幅2.3m以上、片廊下で幅1.8m以上なければなりません。「中廊下」とは、廊下の両側に居室が並んでいる廊下、「片廊下」とは、廊下の片側のみに居室

が並んでいる廊下のことです。

　また、①病院の患者用廊下、②共同住宅において、その階の住宅等の床面積の合計が100㎡超の階の共用廊下、③居室の床面積の合計が200㎡超の階の廊下（3室以下の部屋のための専用廊下となっているものは除く）、④床面積の合計が100㎡超の地下階の廊下（3室以下の専用廊下は除く）については、中廊下で幅1.6m以上、片廊下で幅1.2m以上と規定されています。

■■ 階段に関する規定

　避難階（直接地上に通じる出入口のある階。通常は1階です）以外の階から、避難階または地上へと至る「直通階段」の設置が義務付けられています。「直通階段」とは、その階段だけを通って避難階または地上へと到達できる階段のことです。

■ 廊下の幅について

用途・規模	片廊下	中廊下
小・中・高校、中等教育学校の生徒用廊下	1.8m以上	2.3m以上
病院の患者用の廊下	1.2m以上	1.6m以上
共同住宅の住戸・住室の床面積の合計が100㎡を超える階における共用の廊下		
3室以下の専用のものを除き居室の床面積の合計が200㎡を超える階の廊下		
3室以上の専用のものを除き地階の居室の床面積の合計が100㎡を超える階の廊下		

なお、直通階段の代わりに傾斜路（スロープ）でもかまいません。

直通階段は屋外に設置してもかまいませんが、木造のものは認められていません（準耐火構造の場合は例外があります）。

劇場などの場合は、避難階または地上までの直通階段を2つ以上設置しなければなりません。2つ以上の直通階段の設置義務のある建築物・階は以下の通りです。

① 劇場、映画館、演芸場等で、客席等のある階

② 床面積の合計が1,500㎡超の物品販売業の店舗で売場のある階

③ キャバレー、バー等で、客席、客室等のある階

④ 病院、診療所、児童福祉施設等で、病室や児童福祉施設等の用途の居室の床面積の合計が50㎡を超える階

⑤ ホテル、旅館、共同住宅、寄宿舎等で、宿泊室や居室、寝室の床面積の合計が100㎡を超える階

⑥ 6階以上で居室のある階や、5階以下で居室の床面積の合計が100㎡（避難階の直上階は200㎡）を超える階。

ただし、③の5階以下の階と、①〜④の用途以外の6階以上の階で、

■ 避難施設の基準 ···

避難対策が必要な建築物

① 特殊建築物

② 階数が3以上の建築物

③ 有効採光面積が居室の床面積の20分の1以上ある窓などの開口部を有しない居室を有する建築物

④ 延べ面積が1,000㎡を超える建築物

それぞれに細かい基準が定められている

| 扉の構造 | 施錠装置 | 廊下の幅 | 手すりの高さ | 階段の配置 |

その階の居室の床面積の合計が100㎡（主要構造部の準耐火構造、または不燃材料の場合は200㎡）以下で、その階に避難上有効なバルコニーまたは屋外通路等があり、その階から避難階または地上に到達する「屋外避難階段」または「特別避難階段」がある場合は、直通階段の設置は1つだけでかまいません。また、③の5階以下の階で、避難階の直上階または直下階で、その階の居室の床面積の合計が100㎡（主要構造部が準耐火構造、または不燃材料の場合は200㎡）以下の場合も、直通階段は1つだけでかまいません。

　次に、出入口についてです。劇場、映画館、演芸場、観覧場、公会堂、集会場での、客席からの出口の扉と、客用の屋外への出口の扉は、内側に向かって開く構造（内開き）の扉であってはいけません。

　屋外の避難階段に屋内から通じる出口や、避難階段から屋外に通じる出口等は、屋内から鍵なしで解錠できなければなりません。また、開錠方法を扉の近くの見やすいところに表示しなければなりません。

■■ 歩行距離の基準について

　歩行距離とは、その階の居室内の最も遠い地点から直通階段（傾斜路を含む）までの距離のことです。避難階以外の階については、居室の種類、建築物の主要構造部の耐火仕様、居室から地上に通じる通路の内装の仕上げを準不燃材料で行っているかどうか、および階数に応じて、歩行距離を一定以下にするように規定されています（次ページ図）。

　たとえば、採光に有効な窓その他の開口部を有しない居室の面積が居室の床面積の20分の1未満の居室等や、百貨店、展示場、キャバレー、バー、遊技場等では、14階以下で、主要構造部が準耐火構造か、または不燃材料で造られていて、内装の仕上げが不燃化されている場合は、歩行距離の上限は40mと規定されています（内装の仕上げが不燃化されていない場合は、歩行距離の上限は30m。15階以上の階は、それらの数値から10m引いた数値）。

第4章 ◆ 避難施設　　123

なお、令和5年（2023年）4月1日施行の改正建築基準法により、床面積が30㎡以内の居室、または居室及び当該居室から地上に通ずる廊下等（採光上有効に直接外気に開放された部分を除く）で非常用の照明設備を設けている場合で、廊下等や直通階段などについて一定の条件を満たすときには、この歩行距離の制限が緩和されました。

　病院、診療所、ホテル、旅館、共同住宅、寄宿舎等の居室では、同じ各条件での数値が、60m、50m、30m、上記以外の他の居室では、60m、50m、40mと規定されています。15階以上の階は、いずれの場合も、それらの数値から10m引いた数値などと規定されます。

　避難階の場合は、階段から屋外への出口の1つまでの歩行距離の上

■ 居室の種類と歩行距離の基準 ·····························

居室の種類	歩行距離の基準		その他の場合
	主要構造が耐火構造・準耐火構造または不燃材料で作られている場合		
採光に有効な窓その他の開口部を有しない居室の面積の合計が当該居室の面積の1/20未満の居室（一定の要件を満たす居室は除く）、百貨店、展示場等の主たる用途に供する居室	15階以上（厳しくなる）	20m以下（避難経路の内装を準不燃材料とした場合は30m以下）	30m以下
	14階以下	30m以下（避難経路の内装を準不燃材料とした場合は40m以下）	
病院、診療所、ホテル、旅館、共同住宅、寄宿舎等の居室	15階以上（厳しくなる）	40m以下（避難経路の内装を準不燃材料とした場合は50m以下）	30m以下
	14階以下	50m以下（避難経路の内装を準不燃材料とした場合は60m以下）	
その他の居室	15階以上（厳しくなる）	40m以下（避難経路の内装を準不燃材料とした場合は50m以下）	40m以下
	14階以下	50m以下（避難経路の内装を準不燃材料とした場合は60m以下）	

限は上階の直通階段までの歩行距離の各数値と同じであり、居室の各部分から屋外への出口の1つまでの歩行距離の上限は上記の各数値の2倍に定められています。

なお、主要構造部が準耐火構造で、出入口が1階にしかない3階建て以下の共同住宅の2、3階では、直通階段までの歩行距離が40m以下の場合は、上記の歩行距離の規定は適用されません。

■■ 敷地内の通路について

建物の火災時等に避難するためには、建物から出た後、敷地内の通路を通って、道路（または避難上有効な公園等の空地）などに向かうことになります。

この敷地内の通路について、建築物の利用者が安全かつ円滑に避難することができるように、建築基準法は、避難階の屋外への出口や「屋外避難階段」から、道路や公園・広場等の空地へと至る敷地内通路の幅については、原則として1.5m以上としなければならないとしています。

■ 重複距離

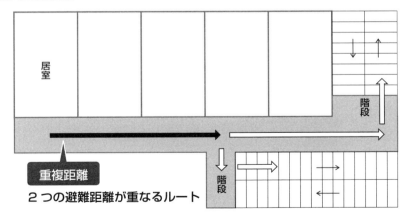

ただし、階数が３階以下であり、かつ延べ面積が200㎡未満である場合には、この制限が緩和され、敷地内通路の幅は90cm以上であればよいことになります。また、延べ面積が1,000㎡超の大型木造建築物の場合は、その建物の周囲に幅３m以上の敷地内通路を設置する必要があります。ただし、延べ面積が3,000㎡以下の場合は、隣地境界線に接する部分の敷地内通路の幅は1.5m以上でかまいません。

　１つの敷地内に複数の延べ面積1,000㎡以下の木造建築物があり、その延べ面積の合計が1,000㎡超の場合は、延べ面積の合計が各1,000㎡以内の建物群に区画し、その周囲に幅３m以上の敷地内通路を設置する必要があります。ただし、それらの建物群の間を耐火建築物または準耐火建築物が防火上有効に遮っている場合は、その規定は適用されません。その場合でも、延べ面積が3,000㎡超の場合は、幅３m以上の通路を設置する必要があります。

　いずれの場合もこれら敷地内通路は、敷地の接する道路まで到達していなければなりません。

■ 敷地内の通路

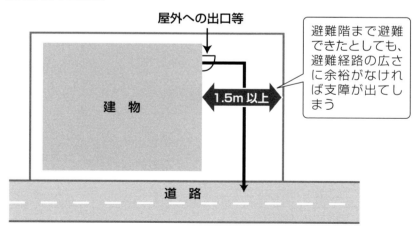

2 避難階段と特別避難階段の設置について知っておこう

安全な避難のため通常の直通階段よりも厳しい基準が設けられている

■■ 避難階段を設置する必要がある場合とは

　5階以上の階や地下2階以下の階へと通じる直通階段は、建築基準法に規定される「避難階段」または「特別避難階段」でなければなりません。これらの階段については、通常の直通階段より厳しい規定が定められています。なお、主要構造部が準耐火構造または不燃材料で造られている建築物のうち、5階以上の階の床面積の合計が100㎡以下の場合や、地下2階以下の階の床面積の合計が100㎡以下の場合には、「避難階段」や「特別避難階段」の設置義務はありません。

　15階以上の階や地下3階以下の階に通じる直通階段は「特別避難階段」でなければなりません。ただし、主要構造部が耐火構造で、床面積の合計100㎡（共同住宅の住居部分の場合は200㎡）以内ごとに耐火構造の床・壁や特定防火設備で区画されている場合は、これらの規定は適用されません。

■■ 「避難階段」にはどんな種類があるのか

　建築基準法上は「避難階段」を、「屋内避難階段」と「屋外避難階段」とに分けています。

　建築基準法では、屋内避難階段について以下のような規定が定められています。

・階段室は耐火構造の壁で囲まなければならない。
・天井と壁の室内側は、下地を不燃材料で造り、仕上げも不燃材料で行う。

第4章 ◆ 避難施設　127

- 階段室には、窓などの採光上有効な開口部か、予備電源を有する照明設備を設置する。
- 階段に通じる出入口は、遮炎性能を有する防火戸でなければならない。その防火戸は、避難方向へと開くように直接手で開けることができるもので、常時閉鎖式または火災報知器連動型自動閉鎖式の防火戸にする（特定防火設備）。階段は耐火構造で、避難階まで直通していなければならない（階段室に設ける窓などの開口部についても、一定の規定が定められています）。

屋外避難階段の場合は、階段本体の構造が耐火構造で、地上まで直通していなければなりません。屋内から屋外避難階段に出る出入口には、上記の屋内避難階段の出入口と同じ規定の防火戸を設置しなければなりません。

また、屋外避難階段は、その階段への出入口となる開口部以外の建築物の窓などの開口部からは、２m以上の距離を空けなければなりません。これは、火災の際にその開口部から火が噴出してきたようなときに避難に支障が出ないようにするためです。

■ 避難階段や特別避難階段の設置

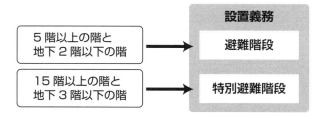

ただし、主要構造部が耐火構造で、耐火構造の床または特定防火設備により100㎡以内ごとに区画されている建築物の場合は、避難階段・特別避難階段の設置義務がない

■■「特別避難階段」とはどんなものか

特別避難階段とは、屋内から階段室に入る前にバルコニーや付室（屋内と階段をつなぐ場所のこと）があって、建物の本体と階段室とを防火上分離している屋内階段です。バルコニーの場合はそのまま屋外に開いており、階段室に煙は入っていきません。

付室の場合は、外気に向かって開くことのできる窓か排煙設備が設置されており、階段室に煙が入り込むのを防ぐことができます。このように、特別避難階段は通常の避難階段よりも火災時の安全性が高いものです。

階段室や、バルコニー、付室は、耐火構造の壁で囲まなければなりません。階段室と付室の天井と壁の室内側は、下地を不燃材料で造り、仕上げも不燃材料でです。階段室には、付室に面する窓などの採光上有効な開口部か、予備電源を有する照明設備を設置します。階段室には、バルコニーや付室に面する部分以外に、屋内に向けて窓などの開口部を設けてはいけません。階段本体は耐火構造で、避難階まで直通していなければなりません。

屋内からバルコニー、付室に通じる出入口には、屋内避難階段の出入口と同じ規定の防火戸を設置しなければなりません。バルコニー、付室から階段室に通じる出入口には、特定防火設備を設置します。

また、階段室やバルコニー、付室に設ける窓などの開口部についても、面積や防火の仕様等の規定が定められています。

■■大規模店舗の場合の避難施設について

床面積の合計が1,500㎡超の物品販売業の店舗では、避難施設の規定は通常の建物よりも厳しく設定されています。

売場のある階には、避難階または地上へと通じる、2つ以上の直通階段を設置しなければなりません。

3階以上の階を物品販売業の店舗にする場合は、各階の売場もしく

第4章 ◆ 避難施設　　129

は屋上広場に通じる直通階段を2つ以上設置しなければなりません。しかも、その直通階段は「避難階段」または「特別避難階段」でなければなりません。

　また、5階以上の売場に通じる直通階段はその1つ以上を、15階以上の売場に通じる直通階段はそのすべてを、「特別避難階段」にしなければなりません。

　建築物の5階以上の階を百貨店の売場にする場合は、避難用に利用できる屋上広場を設置しなければなりません。

　避難階段や特別避難階段の幅の合計や、それらへの出入口の幅の合計、避難階における屋外への出口の幅の合計は、上記の床面積に応じて一定の幅となるように規定されています。

■ 大規模店舗の避難施設 ···

大規模店舗に設けられた避難施設の規定	
避難階段等の設置	■ 各階の売り場から避難階に通じる直通階段の2つ以上の設置
	■ 3階以上の階に売り場を設ける場合は、各階の売り場と屋上に通じる直通階段を2つ以上設置しなければならない（構造は避難階段または特別避難階段）。
	■ 5階以上の階に売り場を設ける場合は、直通階段のうちの1つ以上を特別避難階段にしなければならない。
	■ 15階以上の階に売り場を設ける場合は、直通階段すべてを特別避難階段にしなければならない。

避難施設の規格についても規定あり
◆ 避難階段・特別避難階段の幅の合計について
◆ 避難階に設ける屋外への出口の幅の合計について
◆ 屋上広場バルコニーにおける手すりや柵などについて

3 建築物に設置する必要がある非常用の設備について知っておこう

災害時に備えて、非常用の照明装置や非常用進入口などが必要である

■■ 非常用の設備とは

　いったん災害や火災が発生すると、停電が起こる可能性があります。暗闇の中を避難するのは困難であることから、建築基準法では、停電時でも一定の照度が確保できるような非常用の照明装置の設置義務を定めています。

　また、消火や救助に向かう消防隊が建物の内部に入っていけるような構造になっている必要があることから、建築基準法では、非常用進入口と非常用昇降機の設置義務についても定めています。

■■ 非常用照明装置について

　非常用照明装置の設置が義務付けられているのは、①劇場、病院、学校、百貨店など、建設基準法別表第１い欄(1)～(4)項の用途に利用する特殊建築物の居室、②階数が３以上で、延べ面積が500㎡超の建築物の居室、③採光上有効な開口部の面積が居室の床面積の20分の１以下の居室、④延べ面積が1,000㎡超の建築物の居室です。また、これらの居室から地上へと至る廊下、階段などの通路などにも、非常用照明装置の設置が義務付けられています。

　ただし、以下の建築物または建築物の部分には、非常用照明装置の設置義務はありません。

・一戸建て住宅、長屋や共同住宅の住戸
・病院の病室、下宿・寄宿舎の寝室等の居室
・学校
・避難階、避難階の直上階、避難階の直下階で、避難上問題がないも

第４章 ◆ 避難施設　　131

のなど

　非常用照明装置の構造については、直接照明（間接照明は認められません）で、床面の照度は1ルクス（ルクスとは照度の単位のこと）以上を確保します。火災時に温度が上昇しても、光度が極端に落ちてはいけません。停電時に機能するように、予備電源も必要です。

　また、火災時に停電した場合に自動的に点灯し、避難するまでの間、室内の温度が上昇した場合でも床面の照度が1ルクス以上確保できる非常用照明装置も、認められています。

■■ 非常用進入口について

　非常用進入口は、高さ31m以下の部分にある、3階以上の階に設置しなければなりません。

　ただし、不燃性物品の保管等、火災の危険性の少ない用途の階や、屋外からの進入を防止する必要のある階で、その直上階や直下階から侵入できる場合は、非常用進入口の設置は免除されます。

　また、道路や、道路に通じる幅4m以上の通路・空地などに面している各階の外壁面に、長さ10mごとに、一定の大きさ（幅75cm以上で高さ1.2m以上、または、直径1m以上の円が内接できる）の窓等の開口部（代替進入口といいます）が設けられている場合も、非常用進入口の設置は免除されます。

　「非常用昇降機」（非常用エレベーター）を設置している場合も、非常用進入口は必要ありません。

　非常用進入口の構造は、幅が75cm以上、高さが1.2m以上、下端の床面からの高さが80cm以下です。外から開放または破壊して、屋内に進入できる構造でなければなりません。また、外部側には奥行き1m以上、長さ4m以上のバルコニーが必要です。赤色灯の標識を掲示し、非常用進入口であることを赤色で表示しなければなりません。

　非常用進入口は、道路や、道路に通じる幅4m以上の通路・空地な

どに面している各階の外壁面に、40m以下の間隔で設置しなければなりません。

■ 非常用昇降機の設置について

　高さ31m超の建築物には非常用昇降機（非常用エレベーター）を設置しなければなりません。ただし、高さ31m超の部分が、床面積の合計が500㎡以下の場合や、階段室、機械室、装飾塔、物見塔、屋窓等の場合や、一定の耐火基準を満たしている場合や、一定の条件の下火災発生の危険性の少ない場合には、非常用昇降機の設置は義務付けられていません。

　非常用昇降機の設置台数は、高さ31m超の部分の床面積が最大の階の床面積に応じて決まります。1,500㎡以下の場合は1台で、1500㎡を超えると3000㎡ごとに1台ずつ追加されます。非常用昇降機の乗降ロビーは、耐火構造の床・壁で囲み、下地、仕上げ共に不燃材料としなければなりません。バルコニーか窓か排煙設備を設け、出入口は特定防火設備にします。予備電源を有する照明装置も必要です。床面積は1基につき10㎡以上とされています。その他、標識やかごの寸法、速度等の様々な規定があります。

■ 非常用照明設備が必要な建築物

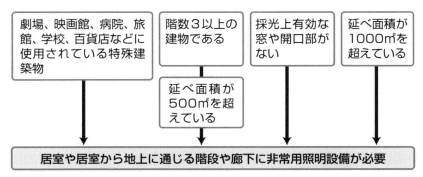

第4章 ◆ 避難施設

4 排煙設備の設置について知っておこう

安全に避難できるように、火災時に発生した煙を屋外に排出する設備

■■ 排煙設備の設置義務について

　火災時の死因は、発生した煙や有毒ガスを吸い込むことによるものが最も多くなっています。視界が遮られるため、避難も遅れます。また、煙や有毒ガスが充満していると、消防隊の消火活動にも支障をきたします。

　そのため、火災発生時の煙や有毒ガスを適切に屋外に排出する排煙設備が必要となり、以下の建築物について、建築基準法によって設置が義務付けられています。

---

① 　ⅰ劇場等、ⅱ病院等、ⅲ学校等、ⅳ百貨店等、の特殊建築物のうち、延べ面積が500㎡超のもの

② 　階数が3以上であり、延べ面積が500㎡超の建築物（一定の例外があります）

③ 　天井または天井から下方80cm以内の開放可能な部分の面積が床面積の50分の1以上の開口部がない居室

④ 　延べ面積が1,000㎡超の建築物の、床面積200㎡超の居室（一定の緩和があります）

　これに対し、以下の建築物には排煙設備の設置義務はありません。

・病院、診療所、ホテル、共同住宅、寄宿舎などで、準耐火構造の床・壁、または遮炎性能のある防火戸等の防火設備で区画された部分で、床面積が100㎡（共同住宅の住居部分では200㎡）以下のもの

・学校、体育館、ボーリング場、スキー場、スケート場、水泳場、スポーツの練習場

・階段の部分、昇降機の昇降路の部分など
・主要構造部が不燃材料で造られた機械製作工場、不燃性物品保管倉庫など
・その他、煙やガスが降下してこない建築物の部分として国土交通大臣が定めるもの（階数が2以下で、延べ面積が200㎡以下の住宅も含まれます）。

▦ 排煙設備の設置に関する基準

　排煙設備の設置については、まず、建築物を床面積500㎡以内ごとに防煙壁で区画する必要があります（防煙壁区画部分）。防煙壁とは、間仕切壁または天井から50cm以上かつ排煙口を壁面に設置する場合は排煙口の下端より下方に突出した防煙垂れ壁（火災の際に煙の流動を妨げる目的で、天井から下方に向かって伸びるように造った壁）のことです。各防煙壁区画部分に排煙設備の排煙口を設置します。排煙口は防煙壁区画部分の天井または天井から下方80cm（丈の最も短い防煙壁の丈が80cmより短い場合はその丈の値）以内の壁に設置します。防煙壁区画部分の各位置から排煙口までの水平距離は30m以下でなければなりません。

　排煙口の開口面積は、防煙壁区画部分の床面積の50分の1以上なければなりません。排煙口は、直接外気に接するのでなければ、排煙風

■ 防煙区画の設置基準 ···

① 床面積500㎡ごとに防煙壁で区画する

↓

② 区画内における、各部分から30m以内となる位置に**排煙口**を設ける

↓　　　　　↓

③ | **自然排煙** 窓など | **機械排煙** 排気ファンなど |

第4章 ◆ 避難施設　135

道に直結させます。排煙設備の排煙口、排煙風道など、煙に接する部分は、不燃材料で造る必要があります。電動で開閉する排煙設備には、予備電源も設置しなければなりません。

　排煙口には手動開放装置を設けなければなりません。煙感知器と連動する自動開放装置や、遠隔操作方式の開放装置がある場合です。手動開放装置の手で操作する部分は、床面から80cm以上1.5m以下の高さの位置の壁面に設置するか、床面からおおよそ1.8mの高さの位置に天井から吊り下げます。

　排煙口は、意図的に開放している場合以外は、閉鎖状態になっているものでなければなりません。また、開放時に排煙に伴う気流によって閉鎖される可能性のない戸等を設けなければなりません。

　排煙口が直接外気に接しているのでなければ、排煙口に排煙機を設置します。排煙機は排煙口の１つが開放された場合には自動的に作動するものでなければならず、時間当たりの排出量も規定されています。

　この他に、送風機を備えた排煙設備等の特殊な排煙設備もあります。

■ 建物に設置する防煙壁と排煙口

●上から見た図　　●横から見た図

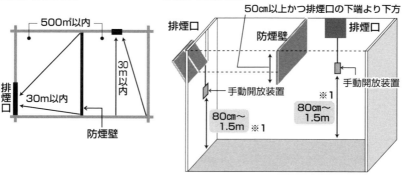

※１　手動開放装置の操作部分は床面から80cm～1.5mの高さ（天井から吊り下げる場合には床面からおおむね1.8mの高さ）に設置し、見やすい方法で使用方法を表示することが必要。

5 避難安全検証法について知っておこう

建築基準法の規定の一部の適用を除外することができる

■■ 建築基準法の規制の適用が除外される場合がある

建築基準法には、人々が安心して利用できる建物が建築されるように、建築物の安全などに関する多くの規制が定められています。しかし、一定の範囲について別の方法で建物の安全性が証明できれば、それらの範囲に関する建築基準法規制を適用しなくてもよいといえます。

そこで、火災発生時に建築物の中にいる人々が安全に避難できるかを確認するために、「避難安全検証法」と呼ばれる方法が用いられています。避難安全検証法は、一定の計算によって建築物の避難安全性能が確認された場合には、その建築物について建築基準法の規定の一部の適用を除外することができる性能規定です。なお、性能規定とは、建築物に要求される一定の「性能」を規定するものです。

■■ どんな内容なのか

避難安全検証法は、建物内での火災によって発生する煙やガスが、居室と避難経路上の各室において避難上支障のある高さまで降下する前に、建物の中にいるすべての人が、直通階段または地上に避難し終えられるかどうかを確認するものです。

避難安全検証法には、①建築物の各階を検証単位とする「階避難安全検証法、②建築物全体を検証単位とする「全館避難安全検証法」、③建築物の各階の中で、準耐火構造の床や壁、遮煙性能を有する防火設備などによって区画された部分を検証単位とする「区画避難安全検証法」があります。

避難安全検証法は、「ルートB」または「ルートC」という検証方法

第4章 ◆ 避難施設　137

によって行われます。

　ルートＢとは、建築基準法施行令および告示で定められた計算式によって建築物の避難安全性能を有することを確認する方法です。

　ルートＣは、建築基準法施行令および告示で定められた検証法以外の独自の予測・検証などの高度な検証法を用いることによって建築物の避難安全性能を有することを確認する方法です。ルートＢと異なり、ルートＣは国土交通大臣の認定を受けなければなりません。

■■ どんな避難規定の適用を除外することができるのか

①　階避難安全検証法について

　「階避難安全検証法」は、建築物の１つの階を対象とするものです。階避難安全性能を有することが確認されれば、その階についてのみ、次ページの通り、避難施設関連のうち、廊下の幅や直通階段までの歩行距離、特別避難階段の構造や、排煙設備、内装制限などの避難規定の適用を除外することができます。

②　全館避難安全検証法について

　「全館避難安全検証法」は、建築物全体を対象とするものです。全館避難安全性能を有することが確認されたものは、次ページの通り、階避難安全性能を有する場合に適用が除外される避難関係規定に加えて、防火区画に関する避難規定や、避難階段・屋外避難階段、屋外への出口の構造など、多くの避難規定の適用を除外することができます。

③　区画避難安全検証法について

　「区画避難安全検証法」は、建築物内の区画を対象とするものです。区画避難安全性能を有するものは、次ページの通り、排煙設備の設置、排煙設備の構造、内装制限についてのみ、避難規定の適用を除外することができます。

資料　避難安全性能を確かめることにより適用が除外される避難関係規定

（建築基準法施行令）

項目	条	項	規定の概要	階避難安全性能を有するもの	全館避難安全性能を有するもの	区画避難安全性能を有するもの
防火区画	112	7	11階以上の100㎡区画	—	○	—
		13	竪穴区画	—	○	—
		18	異種用途区画	—	○	—
避難施設	119		廊下の幅	○	○	—
	120		直通階段までの歩行距離	○	○	—
	123		避難階段の構造 第1号　耐火構造の壁 第6号　防火設備	—	○	—
		2	屋外避難階段の構造 第2号　防火設備	—	○	—
		3	特別避難階段の構造 第1、2号　付室の設置 第12号　付室などの面積	○	○	—
			第10号　防火設備	○*	○	—
			第3号　耐火構造の壁		○	—
	124	1	物品販売業を営む店舗における避難階段の幅 第2号　階段への出口幅	○	○	—
			第1号　避難階段等の幅		○	—
屋外への出口	125	1	屋外への出口までの歩行距離	—	○	—
		3	物品販売業を営む店舗における屋外への出口幅	—	○	—
排煙設備	126-2		排煙設備の設置	○	○	○
	126-3		排煙設備の構造	○	○	○
内装制限	128-5		特殊建築物の内装（第2、6、7項および階段に係る規定を除く） 自動車庫等、調理室等	○	○	○

＊屋内からバルコニーまたは付室に通ずる出入口に係る部分に限る

第4章 ◆ 避難施設　　139

Column

現地調査を怠ってはいけない

　建物を建築する際には、建てようとする敷地の現地調査が不可欠です。適切な現地調査をするためには、周辺の地図を入手するなど、事前の準備が必要です。もっとも多くの情報が載っている地図は「ゼンリン住宅地図」ですが、高価なものなので、最低限現地の場所がわかればよいという場合には、「Google」の提供する地図（グーグルマップ）でもかまいません。ストリートビュー機能を活用することで、敷地周辺の大まかな状況を把握することはできます。また、建物を建築する予定の地域がどんな用途地域なのか、あるいは防火地域等の指定がなされているかもよく調べておく必要があります。

　建物を建築するための設計を行う際には、敷地の境界を確認する必要があります。境界トラブルを起こさないためにまずしておくべきことは、隣地も含めた土地の所有者や建設業者と一緒に境界の位置を確認することです。その際、境界標や杭があれば、それを参考にして境界の位置を確認することができます。ここで気をつけるべきことは、境界標や杭があるからといって、その場所が境界となっていると即断しないことです。境界標や杭は誰かが勝手に設置したり、設置後に移動させられている可能性があります。そのため、境界標や杭があるとしても、境界の位置を当事者同士で確認する必要があります。

　また、登記簿や公図などの資料にも目を通しておきましょう。

　なお、建物を建築する場合には上下水道、ガス、電気などのインフラを整備する必要がありますが、現地調査の際にこれらが引き込まれているか合わせて確認しておくことが重要です。

　インフラの整備には多大な費用がかかるため、現地調査の段階で確認を怠っていると、後で大きく計画を変更しなければならなくなる場合があります。

第5章
構造強度

　建築物は、地震、台風等の災害が起こった際に、中にいる人々の安全を守るために倒壊しないようなものにする必要があります。そのため、建築基準法では、大規模な災害時に建築物が力学的に危険な壊れ方をしないようにすることを定めています。

　この章では、まず、構造的な建物の分類方法を概観し、それらで求められる仕様規定や構造計算の種類について解説します。後半では、個別の構造方法から、木造と鉄筋コンクリート造の規定について細かく見ていきます。

1 建築物の構造基準について知っておこう

建築基準法施行令が構造強度について幅広く定めている

■■ 強く安全な建物を作るには

建築物を建てる場合に、その建築物が倒壊しないような構造にすることは、建築の上で基礎的な事柄です。地震や台風などによって倒壊・崩壊する可能性がある他、北日本の場合は大雪が降って雪の重みで建築物が崩壊してしまう可能性もあります。また、このような天災による場合以外にも、建築物内に持ち込まれた荷物の重量に耐えられず、床が落ちてしまうということも考えられます。

そのため、建築基準法施行令第3章では、構造方法に関する技術的基準や構造設計の原則の他、構造機材等の基準や、木造、組積造、補強コンクリートブロック造、鉄骨造、鉄筋コンクリート造、鉄骨鉄筋コンクリート造、無筋コンクリート造などの構造種別の使用規定、さらに構造計算の基準などを定めています。

■■ 構造上の基本原則について

建築物は、自重、積載荷重、積雪荷重、風圧、土圧、水圧、地震などに対して安全な構造のものとする必要があります。

自重とは、建築物本体の重量のことです。自重は、木造、鉄骨造、鉄筋コンクリート造の順で重くなります。

積載荷重とは、家具や人など建物の内部に加わる重量のことです。積載荷重については、通常の場合、住宅、店舗、倉庫の順に重くなっていきます。たとえば、2階の床が落ちて1階にいた人が負傷するという事故は、想定されていた荷重を超えた積載荷重がかかったことにより起こる事故だといえます。

142

また、構造耐力上主要な部分は新築時はもちろん、長い年月を経た後も、劣化せず、耐力を保持できるようにしなければなりません。そのため、構造耐力上主要な部分で特に腐食、腐朽、摩損のおそれがある場合には、腐食、腐朽、摩損しにくい材料を使用したり、さび止めなどの措置を講じた材料を使用する必要があります。

■■ 建築物の種類に応じた構造の規制について

　建築物の種類に応じて以下のような規制が行われています。

① 　高さが60mを超える建築物の構造方法は、荷重と外力によって建築物の各部分に連続的に生ずる力と変形を把握することなど、基準に従った構造計算によって安全性が確かめられたものとして国土交通大臣の認定を受けたものであることが必要です。

② 　高さが60m以下の建築物のうち大規模な建築物（ⓐ木造：高さ13m超または軒高9m超、ⓑ鉄骨造：4階建て以上、ⓒ鉄筋コンクリート造：高さ20m超）については、安全上必要な構造方法に関して一定の基準を満たしていることが必要です。地震によって建築物の各階に生じる水平方向の変形など、安全性を構造計算によって確かめることが求められます。ただし、この基準でなくても、①の基準を満たすものであってもよいとされています。

■ 構造強度についての建築基準法施行令の規定 ･･･････････････････････

```
              ┌─────────────────────────┐
              │  構造強度についての規定  │
              └─────────────────────────┘
```

仕様規定	構造計算についての規定
・構造部材についての規定 ・木造についての規定 ・組積造についての規定 ・補強コンクリートブロック造についての規定　　　　　　など	・保有水平耐力計算についての規定 ・限界耐力計算についての規定 ・許容応力度等計算についての規定 ・荷重や外力についての規定　　　　　　　　　　　　　など

第5章 ◆ 構造強度　　143

③　高さが60m以下の建築物のうち、中規模の建築物（ⓐ木造：3階建て以上または延べ面積500㎡超、ⓑ木造以外：2階建て以上または延べ面積200㎡超）については、必要な耐久性を備えていることなど、安全性について一定の基準を満たしていることを構造計算によって確かめることが必要です。また、①か②の基準を満たすものであってもよいものとされています。

④　①・②・③以外の建築物については、政令で定める技術的基準に適合することが必要です。また、①、②、③のいずれかの基準に適合するものでもよいとされています。

■■ 耐久性等関係規定について

　建築物の耐久性に関する建築基準法などの定めが、耐久性等関係規定です。耐久性等関係規定には以下のようなものがあります。

■ おもな耐久性等関係規定 ………………………………………

- 構造設計の原則：
  荷圧や外力に対し建築物全体が構造上安全であるように設計する必要
- 構造部材の耐久性：
  腐食・腐朽・摩損しにくい材料の使用・防止措置が必要
- 基礎：
  建築物に作用する荷重・外力を安全に地番に伝え、地盤沈下・変形に対し構造耐力上安全なものとする
- 屋根葺き材・内装材・外装材等の緊結
- 構造耐力上主要な部分に使用する木材の品質
- 木造の外壁内部等の防腐措置等
- 鉄骨造の柱の防火被覆措置
- コンクリート材料・強度・養生に関する規制
- 構造耐力上主要な部分に係る型枠・支柱の除去の制限
- 鉄筋・鉄骨のかぶり厚さ
  鉄筋のかぶり厚さは、耐力壁以外の壁・床では2cm以上、耐力壁・柱・はりでは3cm以上、土に直接接する壁・柱・床では4cm以上、基礎では6cm以上 SRC造の鉄骨に対するコンクリートのかぶり厚さは、5cm以上

・構造設計の原則

建築物の構造設計にあたっては、用途・規模・構造の種別・土地の状況に応じて、柱、はり、床、壁等を有効に配置して、固定荷重、積載荷重、積雪荷重、風圧、地震等の荷重や外力に対して、建築物全体が構造上安全であるように設計する必要があります。

・構造部材の耐久性

構造耐力上主要な部分で特に腐食等のおそれのあるものには、腐食・腐朽・磨損しにくい材料を使用するか、それを防ぐための措置を講じる必要があります。

・基礎

基礎や基礎杭は建築物に作用する荷重および外力を安全に地盤に伝え、かつ地盤の沈下や変形に対して構造耐力上安全なものとする必要があります。

・屋根葺き材等の緊結

屋根葺き材や内装材、外装材等は、風や地震等によって脱落しないようにしなければなりません。

・木材

構造耐力上主要な部分に使用する木材の品質は、節・腐れ・繊維の傾斜・丸身等による耐力上の欠点がないようにしなければなりません。

・木造の外壁内部等の防腐措置

木造の外壁のうち、構造部材が腐りやすい構造である部分の下地には防水紙等を使用し腐朽をしないようにする措置を施す他、地面から1m以内の柱・筋交い・土台については有効な防腐措置を施す必要があります。

・鉄骨造の柱の防火被覆

地階を除く階数が3以上の建物の柱については、1本の柱に対する加熱による低下のために建物全体が倒壊するおそれがある場合、所定の防火措置を講じる必要があります。

第5章 ◆ 構造強度 　145

・**コンクリート材料**

　コンクリートの骨材や水、混和材料などに、コンクリート の硬化・強度の発現・耐久性を妨げるような成分が含まれてはいけません。

・**コンクリートの強度**

　コンクリートの4週圧縮強度（コンクリート打設後4週間経た時点でのコンクリートの強度。この時点で強度が発現しているかどうかがコンクリート強度の確認の指標となります）は12N/㎟（軽量骨材 を使用する場合は9N/㎟）以上にする必要があります。

　なお、「N」とは国際単位系で定められた力を表す単位のことで、「ニュートン」と読みます。

・**コンクリートの養生**

　コンクリートの打込み中および打込み後5日間は、コンクリートの温度が2度を下回らないようにし、かつ乾燥、振動等によってコンクリートの凝結・硬化が妨げられないように養生する必要があります。

・**型枠・支柱の除去**

　構造耐力上主要な部分に係る型枠および支柱は、コンクリートが自重や施工中の荷重によって変形したり、ひび割れたりしない強度が発現するまで型枠や支柱を取り外してはいけません。

・**鉄筋のかぶり厚さ （コンクリートの端から鉄筋までの距離）**

　鉄筋のかぶり厚さは、耐力壁以外の壁・床では2cm以上、耐力壁・柱・はりでは3cm以上、土に直接接する壁・柱・床では4cm以上、基礎では6cm以上にする必要があります。

・**鉄骨のかぶり厚さ**

　鉄骨鉄筋コンクリート造（SRC造）の鉄骨に対するコンクリートのかぶり厚さは5cm以上にする必要があります。

・**構造方法に関する補足**

　その他上記以外の構造方法や、特殊な構造については国土交通大臣が定めた規定に従う必要があります。

2 建築物の構造計算について知っておこう

建築物の安全性を確認するための計算方法である

構造計算の目的

建築物は、構造上の安全性を確保するために、構造方法を技術的な仕様規定に適合させることが必要とされます。それに加え、地震や台風時など、大きな外力が加わった時でも安全性を確認するために、一定規模以上の建築物に対して構造計算を行うことが義務付けられています。

構造計算によって建築物の安全性が確認され、建築物の倒壊や崩落といった危険を防ぐことができます。

構造計算が必要な建物

建築物には、以下の通り、超高層建築物、大規模建築物、中規模建築物、小規模建築物があります。それぞれの建築物の規模に応じて、構造計算の基準が異なってきます。

① 超高層建築物

高さが60mを超える建築物のことです。

② 大規模建築物

高さが60m以下の建築物のうち、以下の要件を満たす建築物のことです。

ⓐ 木造で高さ13m超または軒高9m超

ⓑ 鉄骨造で4階建て以上

ⓒ 鉄筋コンクリート造で高さ20m超

③ 中規模建築物

②の大規模建築以外の、高さが60m以下の建築物のうち、以下に要件を満たす建築物のことです。

第5章 ◆ 構造強度　147

ⓐ 木造で３階建て以上または延べ面積500㎡超

ⓑ 木造以外で、２階建て以上または延べ面積200㎡超

ⓒ 主要構造部を石造、れんが造、コンクリートブロック造、無筋
コンクリート造などの構造とした建築物で、高さ13m超または軒
高９m超

④ **小規模建築物**

上記①～③以外の建築物のことです。

▇▇ 構造計算はどのように行うのか

建築基準法は構造計算について、以下の通り４つの方法を定めています。

① **時刻歴応答解析**

以下の方法により行う構造計算です。

ⅰ 荷重や外力によって建築物の各部分に連続的に生ずる力や
変形を把握すること

ⅱ ⅰにより把握した力や変形が建築物の各部分の耐力や変形
限度を超えないことを確かめること

ⅲ 屋根葺き材、外装材、屋外に面する帳壁が風圧や地震など
の震動および衝撃に対して構造耐力上安全であることを確か
めること

ⅳ ⅰ～ⅲの他に、建築物が構造耐力上安全であることを確か
めるために必要なものとして国土交通大臣が定める基準に適
合すること

---

② **保有水平耐力計算**

以下の方法により行う構造計算です。

ⅰ 荷重と外力によって建築物の構造耐力上主要な部分に生ずる

力を国土交通大臣が定める方法により計算すること

ⅱ　ⅰの構造耐力上主要な部分の断面に生ずる長期・短期の各応力度を、積雪・固定荷重・積載荷重・風圧力などを加味した計算式により計算すること

ⅲ　ⅰの構造耐力上主要な部分ごとに、ⅱの規定によって計算した長期・短期の各応力度が、それぞれ長期に生ずる力と短期に生ずる力に対する各許容応力度を超えないことを確かめること

ⅳ　国土交通大臣が定める場合は構造部材の変形、振動によって使用上の支障がないことを確かめること

　この他にも、層間変形角や屋根葺き材等の構造計算によって確認を行う必要があります。

③　限界耐力計算

　以下の方法により行う構造計算です。

ⅰ　地震時を除いて、保有水平耐力計算のところで示したⅰ～ⅲの方法による計算をすること。

ⅱ　積雪時や暴風時に、建築物の構造耐力上主要な部分に生ずる力を固定荷重や積載荷重を考慮した式によって計算し、当該構造耐力上主要な部分に生ずる力が、材料強度によって計算した構造耐力上主要な部分の耐力を超えないことを確かめること

ⅲ　建築物の存在期間中に1回以上遭遇する可能性の高い中規模の積雪・暴風・地震時に建物が損傷しないことを確かめること（損傷限界の確認）

ⅳ　極めてまれに発生する大規模の積雪・暴風・地震時に建物が倒壊しないことを確かめること（安全限界の確認）

ⅴ　屋根葺き材、外装材等が構造耐力上安全であることを確かめること

④　許容応力度等計算

以下の方法により行う構造計算です。

---

i　保有水平耐力計算で用いた方法の一部を用いる

ii　剛性率、偏心率について計算する

iii　建築物の地上部分について、国土交通大臣がその構造方法
　　に応じ、地震に対し、安全であることを確かめるために必要
　　なものとして定める基準に適合すること

■■ 建築物の規模に応じた構造計算の方法

　建築物には、前述の通り、超高層建築物、大規模建築物、中規模建築物、小規模建築物があります。それぞれの建築物の規模に応じて、構造計算の方法が異なってきます。

　高さ60mを超える建築物である超高層建築物については、建築物の各部分に生じる力などを連続的に把握できる「時刻歴応答解析」による構造計算を行います。超高層建築物の構造計算は、この方法以外は認められていません。

　高さが31mを超え60m以下の大規模建築物については、「保有水平耐力計算」または「限界耐力計算」による構造計算を行います。高さが31m以下の大規模建築物については、「許容応力度等計算」による構造計算を行います。なお、大規模建築物については、設計者の判断によって超高層建築物に対する規定を適用させることもできます。

　中規模建築物については、「許容応力度計算」（保有水平耐力計算で用いた方法の一部を行う）と屋根葺き材等の構造計算を行います。また、一次設計を行い、すべての仕様規定に適合させます。中規模建築物については、設計者の判断により、超高層建築物に対する基準や大規模建築物に対する基準を適用させることもできます。

小規模建築物については、構造計算を行う必要はありません。ただし、建築物の安全性を確保するために、すべての仕様規定に適合させなければなりません。なお、小規模建築物については、設計者の判断により、超高層建築物、大規模建築物、中規模建築物の基準を適用させることもできます。

■■ 許容応力度等計算における一次設計と二次設計とは

　構造計算のうち、許容応力度等計算においては、以下のように、一次設計と二次設計が行われます。

① 　一次設計

　建築物に対する構造計算により、建築物が存在している間にさらされる可能性のある高い外力に建築物が損傷しないことを確かめます。外力とは、積雪や暴風、それに地震などのことです。ここで行う構造計算のことを一次設計と言います。

　一次設計を行うことで、中規模の地震時に建築物が損傷しないかどうかの検証が行われます。

　なお、大規模な地震に耐えられるかどうかは、次の二次設計によって対応します。

② 　二次設計

　規模が大きい建築物については、建築物全体としての地震に対する安全性を確かめるために二次設計を行います。二次設計では、大規模な地震によって、多少の損傷はあっても建築物が倒壊するような危険な壊れ方をしないかどうかを検証します。

　昭和56年（1981年）に改正された新耐震と呼ばれる耐震基準は、この二次設計による安全性を定めたものです。

第5章 ◆ 構造強度　　151

3 建築物の構造設計について知っておこう

建築物の強度や安全性を確保するために基礎や骨組みを設計する

■ 荷重と外力について

　荷重と外力には、固定荷重、積載荷重、積雪荷重、風圧力、地震力などの種類があります。

　固定荷重とは、建築物自体の重さのことです。建築物の各部の固定荷重は、その建築物の実況に応じて計算するのが原則ですが、一定の部分の固定荷重については、建築基準法施行令が定めている計算方法によって計算することができます。たとえば、瓦ぶきの屋根については、ふき土がない場合は 1 ㎡あたり640N（ニュートン）に、ふき土がある場合は1㎡あたり980Nに、面積を掛けた値を固定荷重とすることができます。

　積載荷重とは、床の上の荷物や人間の重さのことです。建築物の各部の積載荷重は、その建築物の実況に応じて計算するのが原則ですが、一定の室の床については建築基準法施行令が定める計算方法によって計算することもできます。たとえば、住宅の居室の床の構造計算をする場合には、 1 ㎡あたり1,800Nとしてこれに床面積を掛けた値を積載荷重とすることができます。

　積雪荷重とは、雪が積もることにより生じる重さのことです。積雪荷重は、積雪の単位荷重に屋根の水平投影面積とその地方における垂直積雪量を掛けて計算します。積雪の単位荷重は、原則として、積雪量 1 cmごとに 1 ㎡につき20N以上とする必要があります。

　風圧力とは、風によって生じる圧力のことです。風圧力は、速度圧に風力係数を掛けることによって計算します。速度圧は、屋根の高さや周辺の建築物などを考慮して算出します。また、風力係数は、建築

152

物の断面や平面などを考慮して算出します。

地震力とは、地震により建築物にかかる力のことです。建築物の地上部分の地震力は、固定荷重と積載荷重を加えたものに地震層せん断力係数を掛けて計算します。また、地下部分の地震力は、固定荷重と積載荷重を加えたものに水平震度を掛けて計算します。

▓▓ 構造設計の原則

建築物の構造設計の際には、用途・規模・構造の種別・土地の状況に応じて柱、はり、床、壁などを有効に配置する必要があります。また、建築物全体が、これに作用する自重、積載荷重、積雪荷重、風圧、土圧、水圧、地震その他の震動・衝撃に対して、構造耐力上安全であるようにする必要もあります。そのために、構造耐力上主要な部分は、建築物に作用する水平力に耐えるように、釣合いよく配置しなければなりません。

■ 荷重と外力

荷重や外力の種類	固定荷重	建物自体により生じる重さ
	積載荷重	建物に持ち込まれる物や、建物内の人により生じる重さ
	積雪荷重	雪が積もることで生じる重さ
	風圧力	建物に対する風の圧力
	地震力	地震により建物にかかる力
	水圧・土圧	建物の地下で水や土によりかかる圧力

第5章 ◆ 構造強度　　153

なお、建築物の構造耐力上主要な部分には、使用上の支障となる変形・振動が生じないような剛性（建築物の硬さ、頑強さ）、瞬間的破壊が生じないような靭性（建築物の粘り強さ）をもたせる必要があります。

■ 基礎について

　建築物の基礎は、建築物に作用する荷重と外力を安全に地盤に伝え、地盤の沈下や変形に対して構造耐力上安全なものとする必要があります。

　また、建築物には、異なる構造方法による基礎を併用することはできません。建築物の基礎の構造は、建築物の構造・形態・地盤の状況を考慮して国土交通大臣が定めた構造方法を用いなければなりません。この場合、高さ13mまたは延べ面積3000㎡を超える建築物で、その建築物に作用する荷重が最下階の床面積1㎡につき100kN（キロニュートン、kNはNの1000倍）を超えるものについては、基礎の底部を良好な地盤に達するようにする必要があります。

■ 構造設計の原則 ……………………………………………………………

構造設計の原則

荷重や外力に対する安全性
建物の用途や規模に応じて柱や壁などを有効に配置する必要がある。建物全体がバランスを保つ必要がある

水平力に対する安全性
地震や風圧に建物が耐えられるよう、耐力壁や床を配置する必要がある

変形や振動を生じさせない
変形しにくい剛性と、エネルギーを吸収する靭性を組み合わせる必要がある

4 木造建築の構造規定について知っておこう

木材の特性を考慮する必要がある

■■ 木造建築の構造についての様々な規定

　鉄やコンクリートと比較して、木材は燃えやすいという欠点をもっていますが、加工のしやすさなどから、日本の戸建て住宅では木造のものが多数を占めます。以下、木造の建築物や木造と組積造その他の構造とを併用する建築物の木造の構造部分の規制について見ていきましょう。なお、茶室、あずまやなどの建築物や延べ面積が10㎡以内の物置、納屋などの建築物については規制の対象から外れます。

■■ 木材の品質と土台と基礎について

　構造耐力上主要な部分に使用する木材の品質は、節、腐れ、繊維の傾斜、丸身などによる耐力上の欠点がないものである必要があります。

　また、構造耐力上主要な部分である柱で最下階の部分に使用するものの下部には、土台を設ける必要があります。ただし、その柱を基礎に緊結した場合や、平家建ての建築物で足固めを使用した場合（地盤が軟弱な区域として特定行政庁が指定する区域内においては、柱を基礎に緊結した場合に限ります）には不要です。さらに、土台は、基礎に緊結する必要があります。ただし、上記の地盤が軟弱な区域以外では平家建ての建築物で延べ面積が50㎡以内のものについては不要です。

■■ 柱の小径について

　構造耐力上主要な部分である柱の張り間方向とけた行方向の小径は、それぞれの方向でその柱に接着する土台、足固め、胴差、はり、けたなど構造耐力上主要な部分である横架材（通常は、けた・はり、１階

第５章 ◆ 構造強度　　155

の場合は土台)の相互間の垂直距離に対して、一定の割合以上のものである必要があります。けた行方向とは、木造建築において部材であるけたをかける方向のことで、長方形型の建物の場合通常は長辺方向となります。一方、張り間方向とは、部材であるはりをかける方向のことで、長方形型の建物の場合通常は短辺方向を意味します。たとえば、壁の重量が大きい建物(下図①)の柱であれば、最上階は22分の1、その他の階は20分の1という割合になります。

また、地階を除く階数が2階を超える建築物の1階の構造耐力上主要な部分である柱の張り間方向とけた行方向の小径は、13.5cmを下回ることはできません。ただし、柱と土台または基礎、柱とはり・けた・その他の横架材とをそ

■ 柱の小径

	張り間方向または、けた行方向に相互の間隔が10m以上の柱や、学校や映画館などの柱		その他の建物の柱	
	最上階または平屋建ての柱	その他の階の柱	最上階または平屋建ての柱	その他の階の柱
土蔵造など壁の重量が大きい建築物(①)	22分の1	20分の1	25分の1	22分の1
屋根を金属板や石板など軽い材料でふいた建築物(②)	30分の1	25分の1	33分の1	30分の1
①、②以外の建築物	25分の1	22分の1	30分の1	28分の1

柱の小径は、構架材間の距離に対して、このような割合となるようにする

れぞれボルト締などにより緊結し、国土交通大臣が定める基準に従った構造計算によって構造耐力上安全であることが確かめられた場合には、小径を13.5cm以上にする必要はありません。

■■ 横架材と筋かいについて

　はり、けたその他の横架材には、中央部付近の下側に耐力上支障のある欠込（木材などをつなぎ合わせる際に、材料の一部分を切除すること）をしてはいけません。

　また、引張力を負担する筋かいは、厚さ1.5cm以上で幅9cm以上の木材か、径9mm以上の鉄筋を使用したものでなければなりません。圧縮力を負担する筋かいについては、厚さ3cm以上で幅9cm以上の木材を使用する必要があります。筋かいはその端部を、柱とはりその他の横架材との仕口に接近して、ボルト、かすがい、くぎなどの金物で緊結する必要があります。さらに、筋かいには、欠込みをしてはいけません。ただし、筋かいをたすき掛けにするためにやむを得ない場合で、必要な補強を行った場合には、欠込みが可能になります。

■■ 壁の設置や軸組の配置

　構造耐力上主要な部分である壁、柱、横架材を木造とした建築物については、すべての方向の水平力に対して安全であるようにする必要があります。そのため、各階の張り間方向とけた行方向に、それぞれ壁を設けるか、筋かいを入れた軸組（柱や土台で構成されている骨組で、屋根や床の荷重を基礎に伝える）を釣合いよく配置する必要があります。ただし、構造耐力上主要な部分である柱と横架材に使用する集成材その他の木材の品質が、柱と横架材の強度・耐久性に関し国土交通大臣の定める基準に適合している場合や、方づえ、控柱、控壁があって構造耐力上支障がない場合など、一定の耐久性を満たしている場合には、規制の対象から外れます。

第 5 章 ◆ 構造強度　　157

また、床組と小屋ばり組の隅角には火打材を使用し、小屋組には振れ止めを設ける必要があります。ただし、国土交通大臣が定める基準に従った構造計算によって構造耐力上安全であることが確かめられた場合には、この必要はありません。

■■ 軸組を配置する基準

　階数が2以上の建築物や延べ面積が50㎡を超える木造の建築物については、安全性の確保のため、各階の張り間方向とけた行方向に配置する壁を設けるか、筋かいを入れた軸組について以下の基準を満たすように調整する必要があります。
① 　それぞれの方向につき、種類ごとの軸組の長さに一定の倍率を掛けて得た長さの合計
② 　その階の床面積に一定の数値を掛けた数字以上で、なおかつ、その階の見付面積からその階の床面からの高さが1.35m以下の部分の見付面積を引いたものに一定の数値を掛けて得た数値
　①が②の数値以上になるように、国土交通大臣が定める基準に従って設置しなければなりません。

■ 軸組計算の流れ ……………………………………………………

① 地震力に対する各階の必要軸組長さは、各階の床面積に一定の数値を掛けて求める

② 風圧力に対する各階の必要軸組長さは、各階の見付面積に一定の数値を掛けて求める

③ ①と②のうち大きい方の数値が必要軸組長さになる

④ 有効軸組長さは、必要軸組長さに一定の倍率を掛けて求める

⑤ 有効軸組長さが、必要軸組長さ以上になれば OK

なお、①での一定の倍率とは、たとえば、土塗壁や木ずり柱に打ち付けた壁を設けた軸組については0.5になります。また、②の床面積に掛ける一定の数値は、たとえば、壁の重量が特に大きい建築物で階数が1階の建築物は、15になります。②の1.35m以下の部分の見付面積を引いたものに掛ける一定の数値は、通常は50で、強風地域では50超～75以下の範囲で特定行政庁が指定した数値となります。

■■ 継手や仕口について

　構造耐力上主要な部分である継手や仕口は、ボルト締、かすがい打、込み栓打などの国土交通大臣が定める構造方法によりその部分の存在応力を伝えるように緊結する必要があります。

　横架材の丈が大きいこと、といった事情により柱に構造耐力上支障のある局部応力が生じるおそれがある場合には、柱を添木などを用いて補強しなければなりません。なお、ボルト締には、ボルトの径に応じて有効な大きさと厚さを有する座金を使用する必要があります。

■ 2階建ての見付面積のとり方

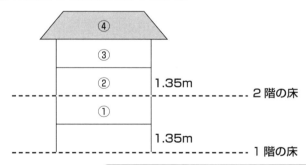

※見付面積とは、張り間方向またはけた行方向の鉛直投影面積のことで、風（風圧力）を受ける面積のこと

5 鉄筋コンクリート造の建築物について知っておこう

鉄とコンクリートの長所を組み合わせている

■■ 鉄とコンクリートにはどんな特徴があるのか

鉄は強度が高く、優れた建材ですが、加工するためには高熱で溶かすことが必要です。簡単に形を変えることができるものではありません。また、鉄は引っ張る力には強い耐力をもっていますが、圧縮力に対しては比較的弱いという性質をもっています。さらに、鉄は空気にさらされることでさびてしまいます。

コンクリートは、鉄と異なって簡単に形を作ることができます。型枠を作り、そこにコンクリートを流し込むだけで自由に形を決めることができます。また、コンクリートは、引っ張る力に弱く圧縮力に対して強いという性質をもっています。

鉄筋コンクリートは、鉄とコンクリートを組み合わせることで、両者の長所を併せ持った建築材料だといえます。

■■ コンクリートの材料について

鉄筋コンクリート造に使用するコンクリートの材料は、以下の条件を満たすものである必要があります。

・骨材、水、混和材料は、鉄筋をさびさせたりコンクリートの凝結や硬化を妨げるような酸、塩、有機物、泥土を含まないこと
・骨材は、鉄筋相互間と鉄筋とせき板との間を容易に通る大きさであること
・骨材は、適切な粒度と粒形のもので、コンクリートに必要な強度、耐久性、耐火性が得られるものであること

■■ コンクリートの強度と養生について

　鉄筋コンクリート造に使用するコンクリートの強度は、原則として以下の条件を満たす必要があります。

・4週圧縮強度は、1㎟につき12N（ニュートン）以上であること（軽量骨材を使用する場合は9N以上）
・設計基準強度との関係において国土交通大臣が安全上必要であると認めて定める基準に適合すること

　また、コンクリート打込み中と打込み後5日間は、コンクリートの温度が2℃を下らないようにして、なおかつ、乾燥、震動によってコンクリートの凝結と硬化が妨げられないように養生する必要があります。

■■ 鉄筋について

　鉄筋の末端は、かぎ状に折り曲げて、コンクリートから抜け出ないように定着しなければなりません。ただし、柱・はりの出すみ部分や煙突以外の部分に使用する異形鉄筋については、その末端を折り曲げないことができます。

　また、主筋や耐力壁の鉄筋の継手の重ね長さは、継手を構造部材における引張力の最も小さい部分に設ける場合には、主筋などの径の25倍以上にする必要があります。継手を引張力の最も小さい部分以外の部分に設ける場合には、主筋等の径の40倍以上としなければなりません。ただし、国土交通大臣が定めた構造方法を用いる継手の場合には、この必要はありません。

■■ 柱について

　構造耐力上主要な部分である柱は、以下の条件を満たす構造にしなければなりません。

・主筋は、4本以上とすること
・主筋は、帯筋と緊結すること

第5章 ◆ 構造強度　　161

・帯筋の径は、6mm以上とし、その間隔は、原則として15cm以下で、なおかつ最も細い主筋の径の15倍以下とすること
・帯筋比（柱の軸を含むコンクリートの断面の面積に対する帯筋の断面積の和の割合のこと）は、0.2％以上とすること
・柱の小径は、構造耐力上主要な支点間の距離の15分の1以上とすること。ただし、国土交通大臣が定める基準に従った構造計算によって構造耐力上安全であることが確かめられた場合には、この必要はない
・主筋の断面積の和は、コンクリートの断面積の0.8％以上とすること

■ はり・床板・耐力壁について

　構造耐力上主要な部分であるはりは、複筋ばりとし、原則としてこれにあばら筋をはりの丈の4分の3以下の間隔で配置しなければなりません。また、構造耐力上主要な部分である床版は、原則として以下の条件を満たすものである必要があります。

・厚さは8cm以上とし、なおかつ短辺方向における有効張り間長さの40分の1以上とすること。
・最大曲げモーメント（物体を曲げた際に作用する断面力のこと）を受ける部分における引張鉄筋の間隔は、短辺方向において20cm以下、長辺方向において30cm以下で、なおかつ床板の厚さの3倍以下とすること

　耐力壁は、原則として以下の条件を満たす必要があります。

・厚さは、12cm以上とすること。
・開口部周囲に径12mm以上の補強筋を配置すること
・径9mm以上の鉄筋を縦横に原則30cm以下の間隔で配置すること
・周囲の柱とはりとの接合部は、その部分の存在応力を伝えることができるものとすること

第6章
建築物の室内環境保護

　建築物は、居住や使用に関する性能が不十分な場合には快適に使用することができません。そのため、建築基準法では建築物の環境性能を高めるための様々な規定を設けています。

　本章では、良好な環境を実現するための建築設備、採光、換気、シックハウスなどの、人が長時間利用する「居室」の性能を担保するための基準等について見ていきます。

1 建築設備について知っておこう

建築基準法は建築設備に関する一定の規制を定めている

■■ 建築設備とは

建築基準法および建築基準法施行令では、以下のように、建築物と一体となった換気設備、電気設備、エレベーターなどの建築設備の基準等について規定しています。

■■ 給水・排水に関する設備に関する規制

給水に関する設備とは、水道事業者の敷設した配水管から分岐して設置された給水管と、それに直結する給水用具とをいいます。給水用具には、屋上に設置された受水槽や、揚水ポンプなどがあります。

給水設備の水質の基準については水道法が詳しく規定している他、建築基準法では建物内でそれらを安全に衛生的に供給できるように、おもに配管についての規定が設けられています。また、給水の配管設備の構造や設置場所については、腐食防止のための措置や安全装置の設置などを行わなければなりません（167ページ）。

排水には、雨水と、便所からの屎尿排水である汚水と、台所や浴室などから排出される雑排水があります。排水に関する設備とは、それらの排水に必要な排水管やためます（下水などを溜めておく設備のこと）などのことです。

なお、排水の配管設備についても、給水の配管設備と同様に構造や設置場所に関する規制があります（167ページ）。

■■ 便所に関する規制

便所には採光と換気のために直接外気に接する窓を設置しなければ

164

なりません。ただし、水洗便所の場合は、その代わりとなる照明設備・換気設備を設置すれば足ります。

くみ取り便所については、構造上、①屎尿に接する部分から漏水しないこと、②屎尿の臭気が建築物の他の部分や屋外に漏れないこと、③便槽に雨水や土砂等が流入しないこと、の3点が必要です。

また、くみ取り便所の便槽は、井戸から5m以上離して設置しなければなりません。

浄化槽に関する規制

便所から排出する汚物を、終末処理場を有する公共下水道以外に放流しようとする場合は、屎尿浄化槽を設置しなければなりません。

屎尿浄化槽や合併処理浄化槽（屎尿と一緒に雑排水を処理する浄化槽）については、汚物処理性能が規定されています。特定行政庁（51ページ）が指定する区域の区分と、処理対象人数に応じて、浄化槽による生物化学的酸素要求量（BOD）の除去率の下限値と、浄化槽からの放流水のBODの上限値が定められています。

また、放流水に含まれる大腸菌群数が1㎤あたり3,000個以下にまで低下しなければなりません。

屎尿浄化槽や合併処理浄化槽は、満水にして24時間以上漏水しないことを確認する漏水検査を行わなければなりません。

■ 便所の種類

処理区域（汚物を処理場で処理できる区域）内では下水管へ直接放流が可能だが(①)、処理区域外では下水管が敷設されていないため、いわば垂れ流しをしてはいけない(②一度浄化槽を通して河川や側溝へ放流することが必要)

第6章 ◆ 建築物の室内環境保護　165

■■ 換気設備、空気調和設備に関する規制

　換気設備・空気調和設備には、①自然換気設備、②機械換気設備、③中央管理方式の空気調和設備の３種類があります。
①　自然換気設備とは、給気機や排気機のない換気設備のことで、開閉することができるものは一般的な窓も自然換気設備として扱います。
②　機械換気設備とは、給気機または排気機を有する換気設備のことで、次の３種類があります。
　ⓐ　給気機と排気機を有するもの
　ⓑ　給気機と自然排気口を有するもの
　ⓒ　自然給気口と排気機を有するもの
③　中央管理方式の空気調和設備とは、中央管理室で建物全体の空調を制御する換気設備のことです。中央管理室は、避難階か、その直上階、または直下階に設置しなければなりません。

■■ 電気設備、避雷設備に関する規制

　建築物の電気設備とは、照明設備やコンセント設備、受変電設備、幹線設備、動力設備などのことです。建築物の電気設備については、建築基準法は、法律またはこれに基く命令の規定で電気工作物に係る建築物の安全及び防火に関するものの定める工法によって設けなければならないと規定しており、電気事業法や電気用品安全法、電気工事士法、消防法などが定める基準やこれらに基づく命令に従って設置等をする必要があります。

　また、建築物の電気設備には、落雷による被害を受けないよう保護するための避雷設備も含まれます。避雷設備については、周囲の状況から安全上問題がない場合を除き、高さ20m超の建築物には避雷設備を設置しなければなりません。その際、建築物の高さ20m超の部分を雷撃から保護するように設置します。

　避雷設備は、雷撃により生じる電流を、建築物に被害を及ぼすこと

なく安全に地中に流すことができる構造でなければなりません。さらに、雨水等により腐食の可能性のある避雷設備の部分は、腐食しにくい材料を用いるか、適切な腐食防止措置をとらなければなりません。

■■ ガス設備、配管設備に関する規制

　ガス設備とは、ガスを供給し、利用するための設備のことです。ガス用の配管設備も含まれます。建築物によっては一定の基準を満たしたガス設備を備える必要があります。たとえば、３階以上の共同住宅の住居部分にガス漏れ警報設備がない場合、設置するガス栓については、ガスが過流出した場合に自動的にガスの流出を停止することができる機能を備えていることが求められています。

　配管設備については、次のような規定があります。

①　コンクリートへの埋設等により腐食する可能性のある部分には、腐食防止措置をとること

②　構造耐力上主要な部分を貫通して配管する場合は、建築物の構造耐力上問題が生じないようにすること

③　原則として、昇降機の昇降路内に設けないこと

④　飲料水の配管設備とその他の配管設備は直接連結させないこと

⑤　飲料水の配管設備は、漏水しないもの、配管設備から溶出する物質によって汚染されないもので、適切な凍結防止措置をとること

⑥　排水の配管設備は、適切な容量、傾斜、材質を有し、排水トラップや通気管等の衛生上の措置をとること

⑦　排水の配管設備の汚水に接する部分は不浸透質の耐水材料で造ること

■■ 昇降機に関する規制

　建築基準法上の「昇降機」には、「エレベーター」「エスカレーター」「小荷物専用昇降機」の３種類があります。

第６章 ◆ 建築物の室内環境保護

小荷物専用昇降機とは、荷物のみを運搬するための昇降機です。小型のエレベータータイプのものが一般的であり、かごの水平投影面積が１㎡以下、天井の高さが1.2m以下、と大きさの制限があります。

　エレベーターとは、人の運搬または人と荷物の運搬を行うための昇降機（エスカレーターを除く）と、かごの水平投影面積が１㎡超または天井の高さが1.2m超の昇降機のことを意味します。また、特殊エレベーターとしての、段差解消機やいす式昇降機、自動車運搬用エレベーターなどもあります。

　エスカレーターについても、踏段の幅や傾き、速度などについて規制が置かれています（171ページ）。また、エレベーター、エスカレーターについては、地震などにより脱落することがないように脱落防止措置をとることが求められています。

■ エレベーターに関する規制

　建築基準法は、高さ31mを超える建築物においては、非常用エレベーターを設置しなければならないと定めています。エレベーターとは、人の運搬または人と荷物の運搬を行うための昇降機（エスカレーターを除く）と、かごの水平投影面積が１㎡超または天井の高さが1.2m超の昇降機のことを意味します。

　エレベーターのかごと、その主要な支持部分（かごを支えたり、吊ったりする構造上主要な部分）の構造については、損傷が生じないという観点で、摩損や疲労破壊を考慮したものでなければなりません。かごを主索（ロープのこと）で吊るエレベーターや、油圧エレベーター等の場合は、エレベーター強度検証法（荷重によって生じる力や安全装置の作動時の応力度を計算することによりエレベーターの設置時と使用時のかご・主要な支持部分の強度を検証する方法）により上記の基準に適合しているかを確認しなければなりません。

　エレベーターのかごや主要な支持部分のうち、腐食や腐朽の可能性

168

のあるものは、腐食や腐朽のしにくい材料を用いるか、さび止めや防腐のための措置をとらなければなりません。

主要な支持部分のうち、摩損や疲労破壊を生じる可能性のあるものは、2つ以上の部分で構成され、しかも、そのそれぞれが独立してかごを支えたり、吊ったりできるものでなければなりません。

滑車を使用してかごを吊るエレベーターの場合は、地震等で索が滑車から外れる危険性のない構造方法のものでなければなりません。

エレベーターのかごの積載荷重は、乗用エレベーター（通常の人の運搬用のエレベーター）であるかどうかと、かごの床面積に応じて、その下限値が定められています。

エレベーターのかごの構造や、昇降路の壁や囲い、出入口の扉の構造は、構造上軽微な部分を除き、難燃材料（108ページ）で造るか、覆うなどの処置をしなければなりません。

また、非常時のために、かご内の人を安全にかご外に救出することができる開口部を、かごの天井部に設けなければなりません。用途、積載量、最大定員（乗用エレベーターと寝台用エレベーターの場合）

■ **建築基準法上の昇降機** ………………………………………………

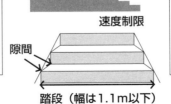

第6章 ◆ 建築物の室内環境保護

を、かご内の見やすい場所に標識で示さなければなりません。

　昇降路の出入口の扉には、かごが扉の位置に停止していない場合には開いたりしないように、施錠装置を設置しなければなりません。

　昇降路の出入口の床先とかごの床先との水平距離は4cm以下、また、乗用エレベーターと寝台用エレベーターでは、かごの床先と昇降路の壁との水平距離は12.5cm以下でなければなりません。

　エレベーターには制御器を設置し、荷重の変動によってかごの停止位置が大幅に移動しないように、また、かごと昇降路のすべての出入口の扉が閉じた後にのみかごが昇降するようにしなければなりません。

　エレベーターの機械室は、床面積、天井高等が定められています。また、換気上有効な開口部か換気設備を設置しなければなりません。

　エレベーターには、かごが昇降路の頂部または底部に衝突する危険性がある場合に、自動的かつ段階的に作動し、かごの加速度が一定限度内に収まった状態で、安全にかごを制止させることができる制動装置を設置しなければなりません。

■ エレベーターの構造上主要な部分に関するおもな基準 …………

- 設置時・使用時のかご・主要な支持部分の構造が、通常の使用状態における摩損及び疲労破壊を考慮して国土交通大臣が定めた構造方法を用いること
- ロープ式エレベーター、油圧エレベーター等については、設置時・使用時のかご・主要な支持部分の構造が、通常の使用状態における摩損や疲労破壊を考慮したエレベーター強度検証法により、一定基準に適合するものであることについて確かめられたものであること
- かご及び主要な支持部分のうち、腐食または腐朽のおそれのあるものについては、腐食・腐朽しにくい材料を用いるか、有効なさび止めや防腐のための措置を講じたものであること
- 主要な支持部分のうち、摩損や疲労破壊を生じるおそれのあるものは、2つ以上の部分で構成され、それぞれが独立してかごを支え、または吊ることができるものであること

エレベーターには、①かごの停止位置が大幅にずれた場合に自動的にかごを停止させる安全装置、②かごと昇降路のすべての出入口の扉が閉じる前にかごが昇降した場合、自動的にかごを停止させる安全装置、③地震等により生じた加速度を検知してかごを昇降路の出入口の扉の位置に自動停止させ、そのかごの出入口の扉と昇降路の出入口の扉を開くか、かご内の人がそれらの扉を開くことができるようにする安全装置、④停電等の非常の場合にかご内からかご外に連絡することを可能にする安全装置、を設置しなければなりません。

　また、乗用エレベーターと寝台用エレベーターには、⑤一定の荷重が作用した場合に警報を発し、出入口の扉の閉鎖を自動的に停止する安全装置、⑥停電の際に床面で１ルクス以上の照度を保てる照明装置、も設置しなければなりません。

■ エスカレーターに関する規制

　エスカレーターは、通常の使用状態において人または物が挟まれたり、障害物に衝突することがないようにすること、勾配は30度以下と

■ エスカレーターの構造基準

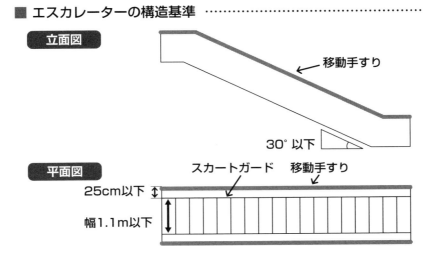

すること、踏段（人を乗せて昇降する部分）の両側に手すりを設け、手すりの上端部が踏段と同一方向に同一速度で連動するようにすることが定められています。

エスカレーターの踏段の幅は1.1m以下、踏段の端から手すりの上端部の中心までの水平距離は25cm以下、エスカレーターの勾配は30度以下でなければなりません。また、踏段の定格速度は勾配に応じて上限が定められています。

踏段側部とスカートガードのすき間は5㎜以下、踏段と踏段のすき間は5㎜以下に規定されています。また、エスカレーターの手すりの上端部の外側が、天井等や他のエスカレーターの下面といった交差部と水平距離50cm以下で交差する箇所では、その交差部の下面に、エスカレーターの手すりの上端部から鉛直に20cm下方の高さにまで届く長さの適切な保護板を設置しなければなりません。

■ 消防用設備等の種類 ……………………………………………

消防の用に供する設備	消火設備	消火器、スプリンクラー等	
	警報設備	自動火災報知機	
	避難設備	誘導標識、避難梯子等	など

消防用水	防火水槽	貯水池

消火活動上必要な施設	・排煙設備 　消防排煙と呼ばれる。建築基準法で設置義務が課せられる排煙設備とは別個のもの ・連結散水設備 　水を送り込むことでスプリンクラーのようなはたらきをする散水設備 ・連結送水管 　送水用の配管。消防ポンプ車の送水管と連結する ・**非常用コンセント** 　消火に必要な機材等の電力源。耐火性能が求められる <div align="right">など</div>

エスカレーターの踏段と、その主要な支持部分（踏段を支えたり、吊ったりする構造上主要な部分）の構造については、エレベーターのかごと、その主要な支持部分（かごを支えたり、吊ったりする構造上主要な部分）の構造と同様の規定が設けられています。

エスカレーターの踏段の積載荷重は、踏段面の水平投影面積に応じて、その下限値が定められています。

さらに、エスカレーターには、人や荷物等が挟まれた場合などに、自動的に作動し、踏段の加速度が一定限度以内に収まった状態で、安全に踏段を制止させることができる制動装置を設置しなければなりません。

また、昇降口において踏段の昇降を停止させることができる装置を設置しなければなりません。

▓▓ 消防用設備等にはどんなものがあるのか

消防用設備については、建築基準法には具体的な規定はなく、消防法が規定しています。

消防用設備には、①消火設備、②警報設備、③避難設備の３種類があります。①消火設備には、消火器や、水バケツ、水槽、乾燥砂、屋内消火栓設備、スプリンクラー設備、動力消防ポンプ設備などがあります。②警報設備には、自動火災報知設備、ガス漏れ火災警報設備、漏電火災警報器、消防機関へ通報する火災報知設備、非常ベルなどがあります。③避難設備には、すべり台、避難はしご、救助袋等の避難器具や、誘導灯、誘導標識があります。

また、①〜③に、④防火水槽や貯水池等の用水である「消防用水」と、⑤排煙設備、連結散水設備、連結送水管、非常コンセント設備、無線通信補助設備という「消火活動上必要な施設」を加えて、「消防用設備等」といいます。

第６章 ◆ 建築物の室内環境保護　　173

2 居室の採光や換気等に関する規制について知っておこう

居室には採光と換気の基準が定められている

■■ 居室とは

　建築基準法は、建築物内のあらゆる空間を「居室」と「居室でない部分」とに分けています。居室とは、「居住」「執務」「作業」「集会」「娯楽」などの目的のために継続的に使用する部屋のことです。

　具体的には、住宅では居間、リビング、ダイニング、キッチン、寝室、応接間などが「居室」にあたります。会社ではオフィスや会議室などが、店舗では売場や事務室などが、学校では教室、職員室、体育館などが「居室」にあたります。

　「居室でない部分」の例としては、風呂、便所、玄関、廊下、階段、押入、ベランダ、倉庫、更衣室、屋内駐車場などがあります。

■■ 居室の採光に関する規制

　人間が建物内で生活や作業等を行うためには相応の明るさが必要です。明るさを得るには、窓などの開口部による自然の採光による方法

■ 居室に該当するものと該当しないもの ……………………………

居　室
居住、執務、作業、集会娯楽その他これらに類する目的のために継続的に使用する室

居室に該当するもの	居室に該当しないもの
居間、台所、寝室、書斎、応接間、事務所、教室、体育館、教会、会議室など	玄関、便所、倉庫、押入、駐車場など

と、人工的な照明による方法があります。

　住宅、学校、病院、診療所、寄宿舎等の居室は、採光のための窓等の開口部の設置が義務付けられています。開口部の面積は、「有効採光面積」で見たときに、居室の床面積の一定割合以上なければなりません。具体的な数値は、以下のように規定されています。

---

①　幼稚園、小学校、中学校、高等学校等の教室、保育所の保育室は床面積の5分の1以上

②　住宅の居室、病院や診療所の病室、寄宿舎の寝室等、児童福祉施設等の寝室および入所者と通所者の保育、訓練、日常生活に必要な便宜供与等のための居室は床面積の7分の1以上

③　①に挙げた以外の学校の教室、病院、診療所、児童福祉施設等の入院患者や入所者の談話、娯楽等のために使用される居室は床面積の10分の1以上

　なお、令和5年（2023年）4月1日施行の改正建築基準法により、緩和規定が追加されています。

　具体的には、住宅の居室には、床面積の7分の1以上の面積を有する採光上有効な開口部（有効採光面積）が必要となるのが原則です。

■ 採光が必要な建築物の居室 ………………………………………

居室の床面積に対する
有効採光面積の割合

幼稚園・小学校・中学校・高校の教室、保育所の保育室など	→	5分の1
病院・診療所の病室、寄宿舎の寝室、児童福祉施設の寝室など	→	7分の1
大学、専門学校などの学校の教室、病院や診療所で入居している者の談話に使われる居室など	→	10分の1

第6章 ◆ 建築物の室内環境保護　　175

たとえば、7畳の部屋の場合は。有効採光面積は1畳分が必要ということになります。

　ただし、床面において50ルクス以上の照度を確保する照明設備を設けた場合には、照明設備によって一定の明るさが確保されていることから、有効採光面積は、床面積の10分の1まで低減されます。

　なお、開口部の面積の規定に関して、ふすま、障子等随時開放できるもので仕切られた2室は、1室とみなすことができます。

■ 有効採光面積について

　有効採光面積は、「開口部の面積（窓枠を除いたガラス部分の有効面積）」に「採光補正係数（A）」を掛けて算出します。窓等の開口部が複数個ある場合は、有効採光面積は、開口部ごとにその数値を計算したものの合計になります。

　「採光補正係数（A）」は、「採光関係比率（d/h）」から計算します。

■ 有効採光面積と採光関係比率

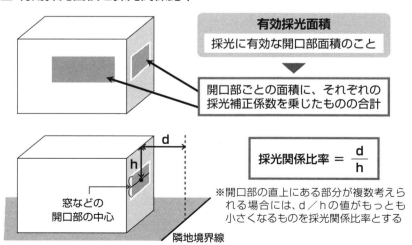

計算式は、以下のように用途地域により異なります。

---

① 住居系地域では、Aはd/hに6.0を掛けたものから1.4を引いた数値

② 工業系地域では、Aはd/hに8.0を掛けたものから1.0を引いた数値

③ 商業系地域や用途地域の指定のない区域では、Aはd/hに10を掛けたものから1.0を引いた数値

ただし、採光補正係数（A）が3より大きくなった場合は3とします。また、天窓の採光補正係数（A）はその数値に3.0を掛けた数値、開口部の外側に幅90cm以上の縁側（ぬれ縁を除く）等がある開口部のkはその数値に0.7を掛けた数値となります。

採光補正係数（A）の下限値は道に面する場合およびdの数値がD（住居系の地域の場合は7、工業系の地域の場合は5、その他の地域の場合は4）mより大きくなれば1、その他は0（採光上有効な開口部として扱えない）となります。

「採光関係比率（d/h）」は、その開口部の直上にあるひさし等の建築物の各部分から、その部分の面する隣地境界線や別の建物等までの「水平距離（d）」を、その部分から開口部の中心までの「垂直距離（h）」で割った数値の、最小値になります。なお、「開口部の直上にある建築物の各部分」には、開口部の直上垂直面から後退する部分や、突出する部分がある場合には、その部分を含みます。

「隣地境界線」については、開口部が、道に面する場合はその道の反対側の境界線とします。また、公園・川等の空地・水面に面する場合は、空地・水面の幅の2分の1だけ隣地境界線の外側にある線とします。

第6章 ◆ 建築物の室内環境保護　177

■■ 居室の換気とは

人間が建築物内で継続的に生活や作業等を行うためには、空気の入れ換えが必要になります。換気には、窓などの開口部による自然な換気の方法と、人工的な換気設備による方法があります。

そのため、建築基準法は、建築物の居室には、換気のための窓等の開口部を設けならないと定めています。その際、換気に有効な部分の面積は、その居室の床面積の20分の1以上必要です。その面積の開口部を確保できない場合は、「換気設備の技術的基準」に従う換気設備を設置しなければなりません。

換気に有効な部分の面積は、引違い窓は枠を除いた窓全体の面積の2分の1、片開き窓は枠を除いた窓の面積と同じになります。

■■ 換気設備の技術的基準

「換気設備の技術的基準」は、法的な設置義務がある換気設備についての技術的基準です。他に、法的な設置義務のない換気設備にも適用される一般的な基準（181ページ）もあります。

「換気設備の技術的基準」は、以下の通りです。

① 自然換気設備

自然換気設備（機械を用いることなく、自然の通風や気圧差等によって換気を行う換気設備）では、排気筒の有効断面積の下限が定められています。その値（㎡）は、「居室の床面積」（㎡）を「給気口の中心から排気筒の頂部の外気に開放された部分の中心までの高さ」（m）のルート（$\sqrt{\ }$）で割り、さらに250で割った数値です。給気口と排気口の有効開口面積も、その数値以上でなければなりません。

Ａv（排気筒の有効断面積）≧Ａf（居室の床面積）÷250$\sqrt{\ }$h

※「h」は給気口の中心から排気筒の頂部の外気に開放された部分の中心まで

---

② 機械換気設備

機械換気設備では、有効換気量の下限が定められています。その値（㎥）は、「居室の床面積」（㎡）を「実況に応じた1人当たりの占有面積（N）」（㎡）で割り、それに20を掛けた数値です。ただし、Nについては、学校、劇場等の特殊建築物の居室では最大で3とし、特殊建築物以外の建築物の居室では最大で10とします。

> V（有効換気量）≧20A f（居室の床面積）÷ N（実況に応じた1人当たりの占有面積）

③ 中央管理方式の空気調和設備

中央管理方式の空気調和設備（166ページ）では、衛生上有効な換気を確保することができる構造方法を用いなければなりません。

④ その他の換気設備

①～③以外の構造の場合、二酸化炭酸の含有率をおおむね100万分の1000（＝1000ppm）以下に保つ、一酸化炭素の含有率をおおむね100万分の10以下（＝10ppm）に保つ、給気口や排気口から有害なものが入らないようにする、といった基準を満たすことが必要です。

■■ 劇場、映画館などの居室の換気設備

劇場、映画館、演芸場、観覧場、公会堂、集会場等の居室では、換気設備の技術的基準に従う換気設備を設置しなければなりません。ただし、自然換気設備は認められていません。

■■ 火を使用する室などの換気設備

調理室や浴室など、コンロ等の火を使用する設備・器具を設置している部屋は、居室でない場合でも、換気設備の技術的基準に従う換気設備を設置しなければなりません。その換気設備は、火を使用する設

備・器具の通常の使用状態において室内の酸素の含有率を約20.5％以上に保つ換気ができるものとして国土交通大臣が認定したものか、あるいは、以下の各基準に従うものでなければなりません。

① 　給気口は調理室等の天井の高さの2分の1以下の高さの位置（煙突や換気扇等を設置する場合は、適当な位置）に設けること

② 　排気口は調理室等の天井または天井から下方80cm以内の高さの位置（煙突や、排気フードを有する排気筒を設ける場合は、適当な位置）に設けること

③ 　排気口は、換気扇等を設けるか、排気上有効な立上り部分を有する排気筒に直結させること

④ 　ふろがまや、発熱量が12kw超の火を使用する設備・器具に接続して、煙突を設けること（例外として、排気フードを有する排気筒も認められています）

⑤ 　その他、給気口・排気口の有効開口面積、給気筒・排気筒・煙突の有効断面積、換気扇等の有効換気量の下限値なども定められています。排気口や排気筒、煙突の構造は、もとの部屋に廃ガス等を逆流させ

■ 換気の種類 ………………………………………………………………

換気の種類	
自然換気 （有効な開口部面積は床面積の 1/20 以上）	**設備による換気** （①自然換気設備　②機械換気設備 ③中央管理方式の空気調和設備）

劇場、映画館、演芸場、観覧場、公会堂、集会場の居室

➡機械換気設備・中央管理方式の空気調和設備での換気が必要

調理室、浴室などの室でかまどやコンロ、その他火を使用する設備または器具を設けた室

➡火気使用室の基準を満たした設備での換気が必要

ず、また、他の部屋に廃ガス等を漏らさないものでなければなりません。

火を使用する設備・器具の近くに設置される排気フードつきの排気筒の排気フードは、不燃材料で造られたものでなければなりません。

なお、以下の部屋の場合は換気設備の設置義務はありません。

① 密閉式燃焼器具等（直接屋外から空気を取り入れ、廃ガス等を直接屋外に排出するなどするもの）以外に、火を使用する設備・器具を設置していない部屋

② 床面積の合計が100㎡以下の住宅等の調理室で、火を使用する設備・器具の発熱量の合計が12kw以下で、床面積の10分の1以上の有効開口面積を有する窓等の開口部を設けたもの

③ 発熱量の合計が6kw以下の火を使用する設備・器具を設置した、調理室以外の部屋で、換気上有効な開口部を設けたもの

■■ 換気設備の一般的基準

換気設備を設置する場合、前述した技術的基準の他に、以下の一般的な基準も守る必要があります。

① 自然換気設備を設ける場合の一般的基準は以下の通りです。

・給気口は居室の天井の高さの2分の1の高さより下の位置に設置すること

・排気口は給気口より高い位置に設置すること

・給気口は直接外気に、排気口は排気筒を通じて外気に、常時開放されていること

・給気口や排気口、および排気筒の頂部には、雨水やねずみ、虫、ほこり等を防ぐための設備を設けること

② 機械換気設備を設ける場合の一般的基準としては、給気口や排気口の位置・構造が、居室内の空間における空気の分布を均等にするもので、かつ、著しく局部的な空気の流れを生じさせないものであることなどが必要であるとされています。

第6章 ◆ 建築物の室内環境保護　　181

③ 中央管理方式の空気調和設備を設ける場合は、空気を浄化したり、空気の温度・湿度や流量を調節して供給する性能に関して、以下の一般的基準が定められています。

・浮遊粉じんの量は空気 1 ㎥につき0.15mg以下
・一酸化炭素の含有率は0.001%以下
・炭酸ガスの含有率は0.1%以下
・温度は17℃以上28℃以下で、居室内の温度を外気温より低くする場合は、その差を著しくはしないこと
・相対湿度は40%以上70%以下
・気流は 1 秒間につき0.5m以下

▓▓ シックハウス対策に係る規制

　シックハウスの原因となるホルムアルデヒドや揮発性有機化合物の対策として、平成15年（2003年） 7 月から、新築建物について、原則として、24時間稼働する機械換気設備（24時間換気システム）の設置が義務付けられています。シックハウスとは、新築住宅やリフォームをした住宅の入居者が、目がチカチカする、喉が痛い、めまいや吐き気、頭痛がするなどの症状のことです。

　なお、シックハウス対策に係る規制は、平成15年（2003年） 7 月 1 日以降に着工された建築物（これ以前に確認済証の交付を受けたものを含みます）に適用されるものであり、これよりも前に着工されたものには適用されません。

3 居室の天井、床、界壁についての規定を知っておこう

天井や床の高さなどにも一定の基準が設けられている

■■ 居室の天井の高さについての制限

居室の天井が低いと、生活上の不便となるだけでなく、採光や換気のための窓を十分に確保することができなくなるため、快適に生活を送ることができなくなってしまいます。そのため、建築基準法施行令では、「居室の天井の高さを2.1m以上にしなければならない」と規定されています。ここでいう天井の高さは、居室の床面から天井までの高さになります。

傾斜している天井や、一室で天井の高さの異なる部分がある場合は、その平均の高さを天井の高さとします。この場合、居室の容積を居室の床面積で割った数値が天井の高さになります。

また、一定規模（天井の高さが6m超で200㎡以上）の天井や腐食、劣化のおそれのある天井については、脱落防止措置をとることも必要です。

■■ 床の高さについて

日本の風土では湿気が強いので、木造建築では床下はある程度の高さを保つようにする必要があります。そこで、建築基準法施行令は、木造建築の床の高さと防湿方法について規定しています。

1階の居室の床が木造の場合、床の高さは、その真下の地面から床の上面まで45cm以上としなければなりません。また、外壁の床下部分には、壁の長さ5m以下ごとに、ねずみの侵入防止措置をとった、面積300㎡以上の換気孔を作らなければなりません。

ただし、床下をコンクリートやたたき等で覆う場合や、1階の居室

第6章 ◆ 建築物の室内環境保護 **183**

の床の構造が地面から発生する水蒸気によって腐食しないものである場合は、これらの規定は除外されます。

■ マンションなどの各部屋の境界の壁について

　マンションやアパートなどでは、隣の住居との間の壁を通じて、隣の住居の音が漏れ聞こえてくることがあります。この音が大きすぎると、騒音やプライバシーなどの問題が発生してしまいます。そのため、建築基準法および建築基準法施行令では、マンションや長屋における各住戸の境界を隔てる壁（「界壁」といいます）に関する一定の基準が定められています。

　具体的には、マンションなどにおける界壁は、原則として、準耐火構造とし、単に天井に達するだけではなくて、それを超えて、小屋裏または天井裏にまで達するものでなければならないとされています。

　ただし、床面積200㎡以内ごとに準耐火構造の壁・防火設備で区画し、スプリンクラーを住戸内に設置し、界壁と天井に遮音性能を確保した場合には、界壁を準耐火構造とする必要も、小屋根または天井裏にまで達するものとする必要もありません。

　また、「防火性能を強化した天井（強化天井）」と「遮音性能（隣接

■ 天井高と床の高さ

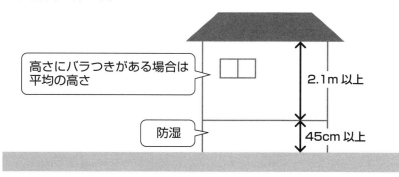

する住戸からの日常生活に伴い生ずる音を衛生上支障がないように低減するために界壁に必要とされる性能）を確保した天井」を設ける場合には、界壁は小屋根または天井裏にまで達するものである必要はありません。「防火性能を強化した天井（強化天井）」とは、強化石こうボードの重ね張りで、総厚36mm以上を確保した天井のことをいいます。「遮音性能を確保した天井」とは、厚さ9.5mm以上の石こうボード（その裏側に厚さ100mm以上のグラスウール（かさ比重0.016以上）またはロックウール（かさ比重0.03以上））を確保した天井のことです。

　この他に、界壁の構造については、後述するように、遮音性能に関し、技術的基準に適合するものであって、国土交通大臣が定めた構造

■ **界壁の構造方法**

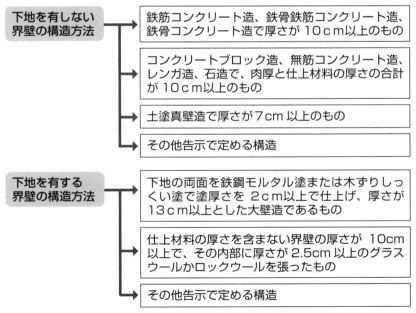

※表中の告示とは、建設省告示1827号「遮音性能を有する長屋又は共同住宅の界壁の構造方法を定める件」のこと

方法を用いるものまたは国土交通大臣の認定を受けたものとしなければならないとされています。

■■ マンションなどの界壁の遮音構造について

マンションなどの界壁の遮音性能については、「透過損失」という指標で測ります。

透過損失は、その壁に入射した音の大きさと、その壁を透過して隣の住居・部屋へと届いた音の大きさとの差を意味し、単位はデシベル（dB）で表します。

たとえば、隣室で80dBだった音が壁を通過して60dBの音になれば、その壁の遮音性能は20dBということになります。建築基準法施行令では、界壁の透過損失は、振動数が125Hzの音に対しては25dB以上、500Hzの音に対しては40dB以上、2,000Hzの音に対しては50dB以上でなければならないと定められています。

また、界壁の構造は、遮音性能を有するための構造方法が規定されています。国土交通省告示「遮音性能を有する長屋又は共同住宅の界壁の構造方法を定める件」によると、下地等のない界壁の場合は、①厚さ10cm以上の鉄筋コンクリート造、鉄骨鉄筋コンクリート造、鉄骨コンクリート造、②肉厚と仕上げ材料の厚さの合計が10cm以上の、コンクリートブロック造、無筋コンクリート造、レンガ造、石造、③厚さが7cm以上の土塗真壁造、などでなければなりません。

下地等のある界壁の場合も各種の構造方法が規定されています。たとえば、④鉄網モルタル塗または木ずりしっくい塗で、塗厚さを2cm以上の仕上げとした、全体の厚さが13cm以上の大壁造であるもの、⑤仕上材料の厚さを含まない界壁の厚さが10cm以上で、その内部に厚さが2.5cm以上のグラスウールかロックウールを張ったもの、などがあります。

4 地階について知っておこう

地階には防湿措置や防水措置が必要である

■■ 地階にはどんな措置が必要になるのか

地階では、湿気が多くなるため、適切な防湿措置を施さないと、かびが繁殖するなど、人間の生活にとって好ましくない空間になります。また、水が浸透してくる可能性があるので、適切な防水措置もとらなければなりません。

そのため、建築基準法では、地階にある住宅の居室、学校の教室、病院の病室、寄宿舎の寝室について、壁や床等の防湿措置、防水措置をとる必要がある旨が定められています。

防湿措置については、地下室には、①適切なからぼり（地面を掘り下げて作るスペースのこと）等に面する開口部か、②換気設備か、③湿度を調節する設備を設置しなければなりません。

からぼりは、地下室が面する土地の部分を掘り下げて造りますが、以下の基準が定められています。

i　からぼりの底面は地下室の開口部より低い位置にあること

ii　雨水を排水するための設備が設置されていること

iii　からぼりの上部は外気に開放されていること

iv　地下室の外壁からからぼりの周壁までの水平距離は、開口部の下端からからぼりの上端までの垂直距離（「開口部からの高さ」）の10分の4以上あり、かつ、1m以上であること

v　ivの水平距離の基準に適合する部分の、居室の壁に沿った水平方向の長さは、「開口部からの高さ」以上の長さであり、かつ、2m以上であること

第6章 ◆ 建築物の室内環境保護　187

防水措置については、常水面（地下水面）より下の部分では、直接土に接する外壁等の部分に、次の@ⓑのいずれかが必要です。
@　水の浸透を防止するための「防水層」を設ける
ⓑ　直接土に接する部分を耐水材料で造った「二重壁」とし、直接土に接する部分と居室に面する部分との間の空隙に、その空隙に浸透した水を有効に排出する排水設備を設置して、居室内への水の浸透を防止する

　なお、常水面以上の部分については、「耐水材料で造り、かつ、材料の接合部とコンクリートの打継ぎをする部分に防水措置を施す」という方法も認められており、この場合には防水層や二重壁構造としなくてもかまいません。

■ 地階の居室の技術的基準 ……………………………………………

防湿のために いずれかの措置を講じる	からぼりを設ける
	換気設備を設ける
	居室内の湿度を調節する設備を設ける

防水のために いずれかの措置を講じる	水の浸透を防止するための防水層を設ける
	直接土に接する部分を耐水材料で造り、なおかつ直接土に接する部分と居室に面する部分の間に排水のための空隙を設ける
	居室内に水が浸透しないとして、国土交通大臣の認定を受けた外壁等を用いる

5 シックハウスやアスベスト 対策について知っておこう

有害物質に対する様々な規制がある

■■ 石綿（アスベスト）についての規制

石綿（アスベスト）は、断熱・耐火材料として建築物に多用されてきましたが、石綿の吸入は中皮腫・肺癌の原因になることが判明し、現在では使用が規制されています。石綿については昭和50年（1975年）に吹付け石綿の使用禁止を皮切りに、建築材料における石綿の使用が、石綿混入製品も含め全面的に禁止されています。

また、既存の建築物については、増改築時に石綿を除去することが義務付けられています。ただし、増改築部分の床面積が増改築前の床面積の2分の1以下の増改築では、増改築部分ではない部分については、石綿の封じ込めや囲い込みでもかまわないとされています。

大規模修繕や模様替えの場合は、大規模修繕・模様替え部分以外の部分について、石綿の封じ込めや囲い込みを行えばよいとされています。

■■ シックハウスについての規制

シックハウス症候群とは、建物の新築後などに、建築材料や家具などから発生するホルムアルデヒドその他の化学物質によって、目やのどの刺激症状、めまい、頭痛などが引き起こされる疾患です。近年注目され、建築物のシックハウス規制がとられるようになりました。

現在、建築基準法で規制されているシックハウス症候群の原因化学物質は、クロルピリホスとホルムアルデヒドで、これらの化学物質については建築材料と換気設備の観点から規制が行われています。クロルピリホスはシロアリ駆除剤に含まれている有機リン系殺虫剤です。建築材料におけるクロルピリホスの使用は全面的に禁止されています。

第6章 ◆ 建築物の室内環境保護 　189

■■ ホルムアルデヒドについての規制

　ホルムアルデヒドは合板等の木材に使用される接着剤などに含まれます。建築基準法では、ホルムアルデヒドを使用している建築材料を、ホルムアルデヒドを発散させる度合いに応じて、第1種ホルムアルデヒド発散建築材料（F☆）、第2種ホルムアルデヒド発散建築材料（F☆☆）、第3種ホルムアルデヒド発散建築材料（F☆☆☆）、規制対象外の建築材料（F☆☆☆☆）の4種類に分けています。数字が小さい程より多くのホルムアルデヒドを発散させる建築材料です。

　ホルムアルデヒドの場合、クロルピリホスの場合と異なり、使用が全面的に禁止されているというわけではなく、使用制限が行われます。

　ただし、ホルムアルデヒドの発散による衛生上の問題が生じないように必要な換気を確保することができる中央管理方式の空気調和設備（166ページ）がある建築物の居室については、以下で述べる内装の建築材料についてのホルムアルデヒドの規制は適用されません。

・居室の仕上げにおける使用制限

　「居室」（ここでは、常時開放された開口部を通じてその居室と空気の流通がある廊下等を含みます）の壁、床、天井（天井がない場合は、屋根）や、それらの開口部に設ける戸などの、内装の仕上げには、第1種ホルムアルデヒド発散建築材料の使用は禁止されています。

・使用面積の制限

　「居室」の内装の仕上げに、第2種ホルムアルデヒド発散建築材料

■ ホルムアルデヒド発散建築材料の種類 ･････････････････････････

ホルムアルデヒド発散建築材料
合板、木質系フローリング、構造用パネル、集成材、単板積層材、MDFボード（ミディアムデンシティファイバーボード）、パーティクルボード、ユリア樹脂板、壁紙、接着剤、保温材、緩衝剤など

や第3種ホルムアルデヒド発散建築材料を使用する場合は、内装の仕上げの際の、それらの建築材料の面積が制限を受けます。

「第2種ホルムアルデヒド発散建築材料を使用する内装の仕上げの部分の面積」にその補正係数（N2）を掛けたものと、「第3種ホルムアルデヒド発散建築材料を使用する内装の仕上げの部分の面積」にその補正係数（N3）を掛けたものとの和が、「居室」の床面積以下に収まらなければなりません。

補正係数N2、N3は、住宅の「居室」や寄宿舎の「寝室」、家具等の販売店舗の「売場」であるかどうかと、設置される機械換気設備の「換気回数」に応じて、異なった値が定められています。「換気回数」は、1時間に部屋を何回換気するかの指標であり、機械換気設備の有効換気量（m³/時）を「居室」の容積（m³）で割ったものです。

N2、N3の値については、たとえば住宅等の「居室」で、換気回数が0.7回以上の時は、N2は1.20、N3は0.20です（下図参照）。

なお、換気回数については天井の高い建物については、緩和措置が

■ **ホルムアルデヒドの使用量制限** ･････････････････････････････････

以下の基準を満たすようにする

> **$N_2 \times S_2$（第2種ホルムアルデヒド発散建築材料の使用面積）**
> **＋$N_3 \times S_3$（第3種ホルムアルデヒド発散建築材料の使用面積）**
> **≦A（居室の床面積）**

※N_2の値について
　住宅などの居室の場合、換気回数が1時間当たり0.7回以上であれば1.2、0.5回以上0.7回未満であれば2.8となる。住宅などの居室以外の居室の場合、換気回数が1時間当たり0.7回以上であれば0.88、0.5回以上0.7回未満であれば1.4、0.3回以上0.5回未満であれば3.0となる。

※N_3の値について
　住宅などの居室の場合、換気回数が1時間当たり0.7回以上であれば0.2、0.5回以上0.7回未満であれば0.5となる。住宅などの居室以外の居室の場合、換気回数が1時間当たり0.7回以上であれば0.15、0.5回以上0.7回未満であれば0.25、0.3回以上0.5回未満であれば0.5となる。

第6章 ◆ 建築物の室内環境保護　　**191**

設けられています。具体的には、天井の高さが2.7m以上の建物について、2.7m以上3.3m未満の場合には0.6回、3.3m以上4.1m未満は0.5回などと定められており、高い建物ほど緩和されることになります。

■■ 換気設備についての基準

　家具など、建築基準法の規制の対象とならない物からもホルムアルデヒドが発散されるため、建物の居室には、原則として以下のいずれかの基準を満たす換気設備を設置しなければなりません。

① 　一般の機械換気設備の場合

　有効換気量について、以下の基準を満たすことが必要です。

Ｖ （機械換気設備の有効換気量）≧Ｖｒ （必要有効換気量）

※Ｖｒ＝ｎＡｈ

　必要有効換気量は、居室の床面積（上式のＡ）に居室の天井の高さ（上式のｈ）を乗じて得た「居室」の容積に、補正係数（上式のｎ）を掛けて算出します。補正係数の数値は、住宅等の「居室」の場合は0.5、住宅等以外の「居室」の場合は0.3です。

② 　居室内の空気を浄化して供給する方式の機械換気設備の場合

　有効換気換算量について、以下の基準を満たすことが必要です。

Ｖｑ （有効換気換算量）＝Ｑ （Ｃ－Ｃｐ）÷Ｃ＋Ｖ

　Ｑは浄化して供給する空気の量、Ｃは浄化前の空気に含まれるホルムアルデヒドの量、Ｃｐは浄化して供給する空気に含まれるホルムアルデヒドの量、Ｖは有効換気量を意味します。

③ 　中央管理方式の空気調和設備の場合

　居室の有効換気量について、以下の基準を満たすことが必要です。

Ｖｒ （必要有効換気量）＝10 （Ｅ＋0.02nA）

　Ｅは、居室の壁、床・天井などの仕上げに用いる建築材料から発散するホルムアルデヒドの量、Ａは居室の床面積です。ｎの値は、住宅等の居室の場合は１、その他の居室の場合は１です。

6 階段について知っておこう

階段の幅や1段の高さ、手すりの設置などに関する規制がある

■■ 階段に関する規制

建築基準法では、階段について、避難階段等の規定の他に、一般構造としての規定を設けています。

一般構造としての階段の規定では、階段や踊り場の幅、階段の1段ごとの高さや奥行、また、踊り場や手すりなどについて定めています。ただし、昇降機機械室用階段、物見塔用階段等の専用階段については、適用対象から除外されています。

階段は幅が広い方が安全、勾配が緩い方が安全ですので、階段の用途ごとに、階段と踊り場の幅の下限値、けあげ（階段の1段の高さ）の上限値、踏面（階段の1段分の奥行に相当する長さ。蹴込みを作れば、実際の各段の奥行は踏面の寸法より長くすることはできます）の下限値が定められています。

① 小学校の児童用の階段で、幅の下限値は140cm、けあげの上限値は16cm、踏面の下限値は26cm

② 中学校、高等学校等の生徒用の階段や、床面積が1,500㎡超の物品販売業店舗の客用の階段、劇場・映画館・演芸場・観覧場・公会堂・集会場の客用の階段の場合は、それぞれ140cm、18cm、26cm

③ 直上階の居室の床面積の合計が200㎡超の地上階の階段や、居室の床面積の合計が100㎡超の地階の階段では、120cm、20cm、24cm

④ それら以外の階段の場合は、75cm、22cm、21cm

ただし、⑤避難用の直通階段である屋外階段の幅は90cm以上、⑥避難用の直通階段ではない屋外階段の幅は60cm以上、⑦住宅の階段（共同住宅の共用の階段は除く）はけあげが23cm以下、踏面が15cm

以上、でかまいません。

　なお、回り階段の踏面の寸法は、その段の狭い方の端から30cmの位置で測定します。また、階段や踊り場に10cm以上の幅の手すり等が設置された場合は、手すり等の幅から10cmを引いた数値を実際の階段や踊り場の幅から引いたものを、階段や踊り場の幅とみなします。

■■ 踊り場に関する規制

　前述の①②の階段では、階段の高さが３m超の場合は、高さ３m以内ごとに踊り場を設置しなければなりません。それ以外の階段では、階段の高さが４m超の場合に、高さ４m以内ごとに踊り場を設置しなければなりません。

■ 階段の寸法 ・・・

	階段の種類	階段および踊場の幅(cm)	けあげ(cm)	踏　面(cm)	踊場位置(cm)
1	小学校の児童用	140以上	16以下	26以上	高さ3m以内ごと
2	中学校、高等学校、中等教育学校の生徒用 劇場、映画館、公会堂、集会場等の客用 物販店舗（物品加工修理業を含む）で床面積の合計が1,500㎡を超える客用	140以上	18以下	26以上	
3	直上階の居室の床面積の合計が200㎡を超える地上階用	120以上	20以下	24以上	高さ4m以内ごと
	居室の床面積の合計が100㎡を超える地階、地下工作物内におけるもの				
4	1～3以外および住宅以外の階段	75以上	22以下	21以上	
5	住宅（共同住宅の共用階段を除く）	75以上	23以下	15以上	
6	屋外階段　直通階段（建築基準法施行令第120条、第121条）	階段の幅のみ90以上	踊場の幅、けあげ、踏面、踊場の位置はそれぞれ1～5の数値による（4、5の場合は直階段であっても、75cm以上でよい）。		
	屋外階段　その他の階段	階段の幅のみ60以上			

① 回り階段の踏面寸法は踏面の狭い方から30cmの位置で測る。
② 階段および踊場に設ける手すり、階段昇降機のレールなど（手すり等）で高さが50cm以下のものは、幅10cmまではないものとして、階段および踊場の幅を算定する。
③ 直階段の踊場の踏幅120cm以上とする。

これらの踊り場の踏幅（その段の奥行に相当する長さ）は、まっすぐな階段（直階段）の場合で、1.2m以上でなければなりません。

▰ 手すりに関する規制

階段には手すりを設置しなければなりません。

階段や踊り場の両側（手すりが設けられた側を除く）には、側壁等を設置しなければなりません。

けあげが15cm以下で、踏面が30cm以上の場合を除き、幅が３mを超える階段には、階段の中間に手すりを設置しなければなりません。

これらの規定は、高さ１m以下の階段の部分には、適用されません。

▰ 傾斜路に関する規制

階段の代わりに傾斜路を設置する場合は、勾配を８分の１以下とし、表面は、粗面にするか、すべりにくい材料によって仕上げなければなりません。また、一般構造としての階段の規定は、けあげと踏面に関する部分を除き、傾斜路にもそのまま準用します。

■ 踊り場の位置と踏面の寸法

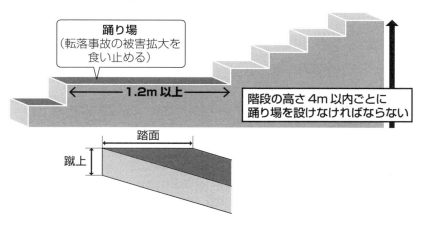

第６章 ◆ 建築物の室内環境保護

Column

建築基準法と消防法の関係

　建築基準法と消防法は別の法律ですが、これらには密接な関係があります。まず、建築基準法は、建築物の「敷地」「構造」「設備」「用途」に関する最低基準を定めている法律です。

　一方で消防法は、火災を予防することや警戒、鎮圧することで火災や地震からの被害を軽減させることを目的としている法律です。

　建築基準法では、建物などの最低基準を示し、避難のための廊下幅や歩行距離、内装仕様などを定めていますが、それだけでは、火災に対する措置としては不十分とされています。そこで消防法により、設備の設置基準や点検方法、防火管理者の有無、誘導灯や消火栓、警報器など、より火災対策に関する規定を詳細に定めています。

　言いかえれば、建築基準法は建物の最低基準を定め、消防法は、運用上必要な細かな基準を定めているということになります。

　なお、事業主が行政や審査機関に対して建築基準法に基づく確認や検査を行おうとする時は、建築物に関する計画が、その建築物に合った防火に関する規定に適合しているかについて、管轄の消防署長などの同意を得なければなりません。これを消防同意といいます。

■ 建築基準法と消防法の役割分担 …………………………………

建築基準法	消　防　法
建物個々に関するもの 耐火・準耐火建築物、防火区画 内装制限非常照明、排煙設備	**消防設備** 消火栓・スプリンクラー等
建物と周辺の関係に関するもの 防火・準防火地域、用途地域	**防火管理** 火気管理、設備等の維持管理 訓練等

第7章
街づくり・住環境

　建築基準法は、建築物等に関する最低限の基準を定める法律であり、地域に応じた具体的な規制については、地方公共団体による条例等に委ねています。日本の国土は広く、北海道における建築物の規制と沖縄における建築物の規制を一律なものとすることは現実的ではないからです。そのため、各地域における条例や都市計画によって、地域の特色に応じた建築制限やその緩和が設けられています。

　この章では、街づくりに関する制度や、地区計画、建築協定、そして未曾有の大惨事となった東日本大震災の後に定められた津波防災地域づくりに関する法律について見ていきます。

1 環境整備について知っておこう

街づくりを計画的に行う

■■ 街づくり・住環境を整備するための様々なルール

住みよい街や都市を作るためには、都市全体を踏まえた上で建物を建て、住環境を改善していくことが重要です。

その都市に合った街づくりを進めるため、建築基準法では、総合設計制度や連担建築物設計制度といった建築制限を緩和できる制度が認められています。また、土地や建物の有効活用や街に見合った規制を行うため、都市計画や地区計画が定められています。

以下、街づくり・住環境を整備するための様々なルールについて見ていきましょう。

■■ 総合設計制度とは

総合設計制度とは、敷地内に公開空地（不特定多数の人がいつでも利用できるように解放された広場や庭園などのオープンスペース）を設けることで、容積率や斜線制限の緩和を認めるという制度です。この制度は、都市中心部の空洞化解消や市街地環境の改善を図る目的で実施されています。

「容積率」とは、建築物の延べ面積の割合のことです（77ページ）。「斜線制限」とは、建築物の各部分の高さに関する制限のことです。これらは、採光や通風の確保、建築物と道路等の公共施設のバランスの確保を図るために定められた規制・制限です。つまり、「市街地環境の改善」という目的の下、建築に際して「条件（敷地内にオープンスペースを設置）を満たせば、規制・制限を緩和してあげましょう」という政策的な制度ということができます。総合設計制度による容積

198

率などの緩和が認められるためには、特定行政庁（市町村長または都道府県知事）の許可が必要です。

▇▇ 総合設計制度の許可を受けるための要件

以下の要件を満たす必要があります。
① 建ぺい率に応じた一定規模以上の空地（下図記載の空地率の基準を満たすことが必要）
② 用途地域に応じた一定規模以上の敷地面積
③ 交通上、安全上、防火上、衛生上支障がないこと
④ 建ぺい率、容積率、各部分の高さについて総合的な配慮がされていることにより、市街地の環境の整備改善に役立つこと
⑤ 建築審査会の同意を得ること

■ 総合設計制度を利用できる空地率 ………………………………

建ぺい率の限度	空地率
5/10 以下の場合	容積率を含めた緩和の場合 （1－建ぺい率の限度）＋1.5/10以上
	斜線制限、絶対高の制限のみ緩和する場合 （1－建ぺい率の限度）＋1/10以上
5/10 ～ 5.5/10 の場合	容積率を含めた緩和の場合 6.5/10以上
	斜線制限、絶対高の制限のみ緩和する場合 6/10以上
5.5/10 を超える場合	容積率を含めた緩和の場合 （1－建ぺい率の限度）＋2/10以上
	斜線制限、絶対高の制限のみ緩和する場合 （1－建ぺい率の限度）＋1.5/10以上
建ぺい率の限度が定められていない場合	容積率を含めた緩和の場合 2／10以上
	斜線制限、絶対高の制限のみ緩和する場合 1.5/10以上

※空地率とは、敷地から建物が建っている面積（建築面積）を除いた部分（空地）の敷地面積における割合のこと

第 7 章 ◆ 街づくり・住環境　　199

■ 一団地の総合的設計制度と連担建築物設計制度

　一団地の総合的設計制度とは、2以上の敷地で形成される「一団地」において、総合的設計の下で複数の建築物の建築が行われる場合には、同一敷地内にあるものとして容積率、斜線制限等の種々の建築制限を適用するという制度です。制度を活用することで、建築物の設計自由度を高めることができます。また、大規模区域における協調的な建築計画の推進といった目的のために活用することも可能です。

　また、連担建築物設計制度とは、複数の敷地により構成される一団の土地の区域内において、既存建築物の存在を前提とした合理的な設計により建築物を建築する際に適用できる制度です。各建築物の位置や構造が安全上、防火上などの観点から問題がないと特定行政庁が認めるものについては、複数建築物が同一敷地内にあるものとみなされることになります。

　連担建築物設計制度においても、適用が認められれば斜線制限、容積率、建ぺい率等の点でメリットを享受することができます。

■ 総合設計制度を利用できる敷地面積の規模

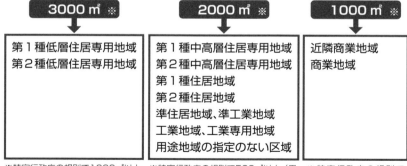

2 環境整備のための様々な制度について知っておこう

様々な制限緩和とその対象となる地区

高度地区と高度利用地区の制限

高度地区と高度利用地区の2つは、名称が似ているため一見その違いがわかりにくいものですが、建築制限の内容は似て非なるものです。「高度地区」が対象にしているのは、建築物の「高さ」であるのに対して、「高度利用地区」が対象にしているのは、建築物の「大きさ」です。

高度地区では、建築物の高さの最高限度または最低限度が定められます。最高限度を定める場合の目的としては、住居地域における住環境の維持などが挙げられます。

他方、建築物の高さの最低限度を定める場合の目的としては、土地の高度利用や合理的な利用といったものが挙げられます。

高度利用地区では、建築物の容積率の最高限度・最低限度、建築物の建ぺい率の最高限度、建築物の建築面積の最低限度、壁面の位置の制限が定められます。高度利用地区におけるこれらの制限や規制は、土地の高度利用、つまり有効活用を目的としたものです。

特例容積率適用地区と制限

特例容積率適用地区は、防火の観点から、密集市街地における危険性を軽減するために、特例的な容積率規定が定められる地区で、複数の敷地間で、建設する建築物の容積率を移転することが認められる地区です。そのため、特例容積率適用地区として指定されると火災時における延焼防止等の機能を有する防災空間の確保や老朽建築物の建て替え等を円滑に進めることが可能になります。また、容積率を移転する敷地は隣接地でなくてもよいため、既存建造物の未使用容積率を周

辺の建物に移転することにより、高度利用を促進することができます。

■■ 高層住居誘導地区と制限

　高層住居誘導地区とは、都市における居住機能の適正な配置を図ることを目的とし、高層住宅を誘導すべき場所において斜線制限や高さ制限の緩和、日影規制の撤廃などが行われる地区のことです。また、この地区で、建築物の住宅部分が延べ面積の3分の2以上ある場合、容積率が最高600％まで引き上げられることになります。

　高層住宅誘導地区は、「第1種住居地域」「第2種住居地域」「準住居地域」「近隣商業地域」または「準工業地域」内の一定の場所（都市計画で定められる容積率が400％または500％と定められる場所）にその指定がなされるものです。

■■ 特定街区とは

　特定街区は、都市計画の一環として街区の整備等を行うことを目的とし、特定的に容積率・建ぺい率・高さ制限などを定める地区です。市街地の環境整備等を図ることを目的としています。

■ 特定街区による建築規制

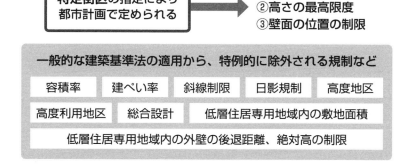

特定街区では、容積率、建ぺい率、斜線規制、日影規制など、建築基準法の一般規定が適用されなくなるため、超高層ビル群の形成を行うことも可能になります。

特定街区に指定された街区は、都市計画に基づき容積率の最高限度・高さの最高限度・壁面の位置が定められていきます。

■■ 景観地区と制限

景観地区は、市街地の美観の形成および保全を目的として指定される地区です。景観地区では、建築物の高さの最高限度・最低限度、壁面の位置の制限などをはじめ、建築物の形態・デザインにも制限が設けられます。

建築物のデザイン等については、周囲の建築物や自然景観との調和、市街地の美観の形成および維持という目的を達成するため、地区内で建築される建築物に対し数値化できない要素に制限を設けなければなりません。そのため、規制の仕方自体が難しく、また地域性なども考慮しなければなりません。

景観地区における認定は市町村長が行います。

■ 高度地区・高度利用地区・高層住宅誘導地区・特例容積率適用地区

高度地区	建築物の高さの最高限度・最低限度を定める
高度利用地区	容積率の最低限度・最高限度、建築面積の最低限度、建ぺい率の最高限度、壁面の位置の制限を定める
高層住宅誘導地区	建ぺい率の最高限度、容積率の最高限度、敷地面積の最低限度を定める
特例容積率適用地区	敷地間の容積率の移転を認め、緑地を確保したり、老朽化した建築物の建て替えを円滑に進めることができる

第 7 章 ◆ 街づくり・住環境　203

3 地区計画について知っておこう

地区の特性に応じて定められる都市計画のこと

▓▓ 地区計画等とは

　地区計画等とは、地区計画、防災街区整備地区計画、歴史的風致維持向上地区計画、沿道地区計画、集落地区計画の総称です。

　都市計画の一環として、小規模かつ詳細な都市計画の策定・実現のために定められるものです。地区計画等の区域内では、よりよい街づくりに向け、道路・公園等の配置とその規模、建築物の用途制限、容積率・建ぺい率・敷地面積・建築面積などの建築制限が行われます。

▓▓ 地区計画について

　地区計画とは、地区の特性に応じて定められる都市計画のことで、地区内の建築物とその配置などに関する規制を設けることで、街づくりを計画的に進めていこうとするものです。地区計画制度の流れは、①地区計画の対象区域の選定、②地区計画案の作成、③地区計画の都

■ 地区計画の手続き

① 地区計画の対象区域選定
② 地区計画案の作成
③ 地区計画を都市計画によって決定
④ 地区計画の具体内容、規制等の手法の決定

市計画による決定、④地区計画の内容と規制・誘導手法の決定となっています。

　地区計画は都市計画区域内（市街化区域、市街化調整区域）を対象にし、その具体的内容として、地区計画の名称、位置、区域、目標、方針、地区施設（道路・公園・広場など）、地区整備計画などが定められることになります。地区整備計画とは、おもに街区内の居住者などの利用に供される道路、公園その他の地区施設や建築物等の整備、土地の利用に関する計画について定める計画のことです。地区整備計画では、地区施設の配置・規模や建築物等の用途の制限といった事項について定めます。地区整備計画が定められている地域で建築工事などを行おうとする者は、着工30日前までに市町村長にその旨を届け出なければなりません。市町村長は、この届出の内容を地区計画に照らし、不適合と判断した場合には、届出者に対し設計変更の勧告をすることができます。また、市町村は、地区整備計画に基づき必要な制限を条例で定めることができます。

■ 地区計画区域の建築制限 ………………………………………………

届出・勧告制度

市町村長に届け出が必要
①土地の区画形質変更
②建築物や工作物の建築
③建築物の用途変更
④建築物などの形態・意匠変更
⑤木竹の伐採

地区計画の内容に適合するかどうか、市町村長チェックする
（適合しない場合は勧告がなされる）

市町村の条例によって建築制限を設ける場合の基準

容積率の最高限度は5/10以上の数値で定める	建ぺい率の最高限度は3/10以上の数値で定める	隣地との空間を確保するための壁面の位置制限を定める

など

※地区計画等の区域内において条例で定める制限については建築基準法施行令136条の2の5で規定

第7章 ◆ 街づくり・住環境　205

4 建築協定について知っておこう

建築物に関する規制を土地の所有者等が定めることができる

建築協定とはどのようなものか

　建築協定とは、市町村条例で定められた区域の土地の所有者などが、建築物の位置、用途などの基準を定めて特定行政庁から認可を得ることができる制度です。協定の内容には、敷地境界から建物間の距離に関するものや、高さや景観などに関するものがあります。民間同士の協定とは異なり、公告を経て認可を受けたものであるため、協定に違反した場合は、是正措置の請求を受けたり工事禁止などの処分を受けることもあります。そのため、建築協定では、自治体にも確認をとり、どのような協定があるのかを十分に確認する必要があります。

建築協定に違反する場合の措置

　建築協定に違反する場合にどのような措置をとることができるかについては、建築協定の中で定められるのが一般的です。

　たとえば、違反工事の停止や差止めを請求することが可能である旨や、違反の是正措置として違反建築物の撤去を請求することができる旨の他、損害賠償を請求することができる旨が定められます。

建築協定はどのような手続きで締結するのか

　建築基準法は、建築物に対して規制を行っている法律ですが、これだけでは地域の特性に応じた対応をすることはできません。そこで、地域の住民が自主的に、建築基準法以上にきめ細かい基準を設定して公的な法的拘束力を与えられたものが建築協定です。

　建築協定を締結しようとする土地の所有者らは、協定の目的となっ

206

ている土地の区域、建築物に関する基準、協定の有効期間および協定違反があった場合の措置を定めた建築協定書を作成し、代表者がこれを特定行政庁に提出し、その認可を受ける必要があります。建築協定書については、原則として土地の所有者等の全員の合意を得る必要があります。ただし、建築協定区域内の土地に借地権の目的となっている土地がある場合には、その借地権の目的となっている土地の所有者以外の土地の所有者らの全員の合意があれば足ります。

　建築協定書を提出する場合に、建築協定区域が建築主事を置く市町村の区域外にあれば、建築協定区域の所在地の市町村長を経由しなければなりません。

　市町村長は、建築協定書の提出があった場合に、その旨を公告し、20日以上の間、これを関係者が閲覧できる状態にしておく必要があります。また、市町村長は、閲覧期間が終了した後は、関係人の出頭を

■ **建築協定の締結、変更、廃止**

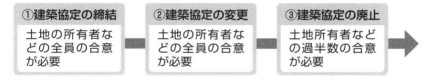

■ **建築協定の手続き**

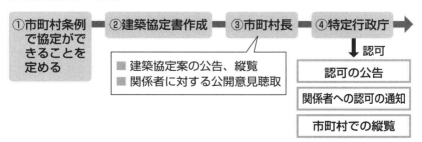

第 7 章 ◆ 街づくり・住環境　　207

求めて公開による意見の聴取を行わなければなりません。

特定行政庁は、建築協定の認可の申請が、以下の条件を満たす場合には、建築協定を認可しなければなりません。

・建築協定の目的となっている土地または建築物の利用を不当に制限するものでないこと
・住宅地としての環境や商店街としての利便の向上といった目的に合致するものであること
・建築協定において建築協定区域隣接地を定める場合には、建築協定区域隣接地について国土交通省令で定める基準に適合するものであること

建築協定区域内の土地の所有者らは、建築協定で決めた建築協定区域、建築物に関する基準、有効期間などを変更しようとする場合、その旨を定めて、特定行政庁に申請して認可を受ける必要があります。

また、建築協定を廃止しようとする場合には、土地の所有者の過半数の合意をもってその旨を定め、これを特定行政庁に申請して認可を受ける必要があります。

■■一人協定とは

土地の所有者が1人でも建築協定を締結することは可能です。これを一人協定といいます。一人協定の場合も、建築協定を特定行政庁に提出して認可を受ける必要があります。

一人協定は、認可を受けてから3年以内に、建築協定の区域内の土地の所有者が2人以上となった場合に、効力を生じます。土地の分譲前に一人協定が締結されていれば、分譲により土地を譲り受けた人はこの建築協定に従う必要があります。

5 津波防災地域づくりに関する法律について知っておこう

津波の危険から地域住民を守るために制定された法律

■■ どんな目的で制定されたのか

そのもたらした被害の甚大さから、「国難」と呼ばれるほどにわが国に大打撃を与えた東日本大震災をきっかけとし、津波や地震をはじめとする自然災害に対する危機意識が国家的に高まっています。

「津波防災地域づくりに関する法律」は、その危機意識の高まりを反映したもので、日本全国で、将来的に甚大な津波被害を被る可能性のある地域について、防災の観点から各種規定を定めたものです。

国土交通大臣は、「津波防災地域づくりに関する法律」に基づいて、津波防災地域づくりの推進に関する基本的な指針を定めなければなりません。この基本指針は、「津波防災地域づくりに関する法律」に基づいて行われる様々な措置の基盤となり、また、津波防災地域づくりの方向性を指し示すものです。具体的には、この基本指針を基に各地方自治体が細かな措置を講じていくというトップダウンアプローチがとられることになります。

■■ どんな規定があるのか

都道府県知事は、国土交通大臣が定めた基本指針に基づいて「津波浸水想定」を行います。津波浸水想定とは、津波が発生した場合に想定される浸水の区域と水深のことで、これと併せて沿岸の地形・地質・土地利用の状況等についての調査も行う必要があります。

国土交通大臣が定める基本指針、都道府県が行う津波浸水想定、これらを踏まえて、各市町村では「推進計画」というものを策定します。推進計画とは、市町村が単独または共同して定める津波防災地域づく

第 7 章 ◆ 街づくり・住環境　　209

りのための計画です。推進計画で定める具体的な事項には、①推進計画の区域、②津波防災地域づくりの総合的な推進に関する基本的な方針、③津波浸水想定で定められた「浸水想定区域」における土地利用および警戒避難体制の整備に関する事項、④その他、避難路や防災事業に係る資金等の促進に関する事項、海岸施設（港湾施設、河川監理施設等）の整備に関する事項などがあります。

　その他、推進計画区域における特別の措置としては、以下のようなものがあります。
・津波防災住宅建設区の創設
・推進計画区域内の容積率の緩和の特例
・都道府県による集団移転促進事業計画の作成

■■ 津波災害警戒区域と津波災害特別警戒区域

　津波防災地域づくりで、最も重要といえるのが、「津波災害警戒区域」と「津波災害特別警戒区域」の指定です。

　「津波災害警戒区域」とは、国土交通大臣の基本指針に基づき、各都道府県知事が津波浸水想定を踏まえた上で、津波発生時の危険性が高い区域における警戒避難体制を強化するべく指定を行う区域のこと

■ 津波防災地域づくりに関する法律のまとめ ……………………

国土交通大臣による基本指針策定

都道府県知事による津波浸水想定

市町村による推進計画の作成

トップダウン
アプローチ

です。市町村長は、都道府県知事が指定した津波災害警戒区域内に所在する、当該市町村の管理下にない施設を「指定避難施設」として指定することが可能です（一定の基準に適合する施設）。

「津波災害特別警戒区域」とは、国土交通大臣の基本指針に基づき、各都道府県知事が津波浸水想定を踏まえた上で、津波発生時の危険性が非常に高い地域における、一定の開発行為および一定の居住建築物の建築等をすべきとして指定された区域です。

「津波災害警戒区域」と「津波災害特別警戒区域」はその内容が類似していますが、地域・区域の津波発生時における危険性が高いのは「津波災害特別警戒区域」です。そのため、「津波災害警戒区域」では警戒避難体制がテーマとなっていますが、「津波災害特別警戒区域」は開発行為や建築等を制限できるという点で、防災施策としてより強力なものとなっています。津波災害特別警戒区域内での一定の開発行為や建築物の建築は、都道府県知事等の許可を得なければ行うことができません。

■ **推進計画区域内の容積率の緩和の特例**

推進計画区域内の容積率緩和特例

前提条件
①推進計画域内における津波災害警戒区域内
②津波からの避難に資する一定の基準に適合

防災上有効なスペースで、これが交通・安全・防火・衛生などの面から問題がないと特定行政庁が判断したものの面積は容積率算定の計算に算入されない。

つまり、広いスペースを確保できる

Column

住宅の買主を保護するための法律

　売買契約の対象となった目的物に欠陥があった場合、原則として民法の規定に従った処理が行われることになります。しかし、売買の目的物が住宅である場合については、「住宅の品質確保の促進等に関する法律」(「住宅品確法」と呼ばれます)が民法に優先して適用されることになります。住宅はすべて一品生産品であり、かつ専門性が高いため、民法の原則とは異なる処理が必要となるためです。

　住宅品確法は、民法と比較して、消費者である買主の保護が厚くなっており、特に新築住宅の請負契約や売買契約における欠陥に対する責任を重くしている点に特徴があります。たとえば、住宅品確法では、新築住宅における請負人は、注文者への引渡しの時から10年間、住宅の構造耐力上主要な部分等の欠陥について、修補責任や損害賠償責任などの担保責任を負うことになります。この担保責任が存続する期間を長くすることはできても、短くすることはできないと規定しています。

　なお、売主である業者が倒産してしまったような場合に買主を保護する法律として、「特定住宅瑕疵担保責任の履行の確保等に関する法律」(住宅瑕疵担保履行法)があります。この法律では、平成21年(2009年)10月1日以降に引き渡された新築の分譲住宅の販売業者と注文住宅の建設請負業者に、欠陥補償のための保険加入または保証金の供託を義務付けています。たとえば、保険加入していた販売業者が、欠陥発覚後に倒産したとしても保険金支払いや補修・建替えが行われます。つまり、後々欠陥が発覚した時に備えて資金をあらかじめキープしておくので、もしもの事態が生じても被害者は泣き寝入りすることなく保険金を受けとれることになります。

第8章

Q&Aでわかる！
建築基準法をめぐる
その他の法律問題

家屋の再築を検討していますが、敷地が幅員1m程度の通路しか公道に接していないため、隣地の一部を通行する形での建築確認申請はできますか。

隣地所有者に対して囲繞地通行権を行使できるとしても、建築確認を申請できるとは限りません。

　本ケースでは、自己所有の敷地が公道に接しているのは幅員1m弱の通路しかなく、建築基準法上の接道義務（公道に2m以上接していること）を満たさないため、このままでは建築確認を得るのは難しいといえます。そこで、自己所有の敷地が袋地であり隣地所有者に対して囲繞地通行権を行使できるので、民法上の囲繞地通行権の行使として幅員2m以上が確保された形での隣地の通行を請求できるとし、接道義務を満たそうとすることが考えられます。

　しかし、最高裁判所の判例は、民法上の囲繞地通行権と建築基準法上の接道義務の各規定は、「その趣旨、目的等を異にしており、単に特定の土地が接道要件を満たさないとの一事をもって、同土地の所有者のために隣接する他の土地につき接道要件を満たすべき内容の囲繞地通行権が当然に認められると解することはできない」としています。この判例によれば、自己所有の敷地が袋地であり囲繞地通行権が認められるとしても、当然に幅員2m以上が確保された形での隣地の通行を請求できるわけではないことになります。

　したがって、このような請求ができなければ、接道義務を満たさないので、建築確認申請は難しくなります。隣地所有者が2m以上の幅員を容認してくれるかを確認することが重要です。

 隣地に違法建築の疑いがある建物が建設される予定であることを知りました。違法建築を阻止する方法はあるのでしょうか。

 工事差止請求訴訟の提起を前提に、工事差止の仮処分を裁判所に申請できます。

　自分の所有する土地の隣地に新しい建物が建設される予定がある場合、どのような建物が建設されるのかは、非常に気になるところです。隣地の建設予定について、建設が始まる前に自ら調べてみる人も少なくはないでしょう。そして、隣地の建設予定を調査した結果、建築主や施工業者が違法建築の常習者であることが判明した場合、どのように対処すればよいのでしょうか。こうした悪質業者は、建築確認の申請段階では適法な工事で申請し、建築確認の後に違法建築を完成させ、早期に売り抜けてしまう可能性がありますので、早急な対処が必要です。

　まず、工事差止めを請求する訴訟の提起を前提に、工事差止めの仮処分を裁判所に対して申請します。仮処分とは、本案判決を待っていたのでは回復しがたい権利侵害が生じるおそれがある場合、仮に侵害行為を差し止めるように裁判所が命ずることです。これによって、違法建築を暫定的にストップさせることができます。仮処分を申請できるのは、相手方の行為によって自らの権利を侵害されるおそれがある者です。隣地に住む人であれば、違法建築によって日照権や通風権などを侵害されることが予想されますから、仮処分を申請できるでしょう。

第8章 ◆ Q&Aでわかる！建築基準法をめぐるその他の法律問題　215

隣地の購入者が、建ぺい率が建築基準法に違反する建物の新築を計画しているようです。役所に建築確認をしないように請求することはできるのでしょうか。

建築確認の差止めは困難ですが、役所に注意を促すことは可能です。

　建物を新築する場合、建築主事または指定確認検査機関に申請して建築確認を受けなければ、工事を開始できないことが建築基準法に定められています。しかし、申請に対して法令に適合すると判断すれば、建築確認をしなければなりません。つまり、建築確認をするか否かについて、建築主事などの裁量は認められていません。また、隣人が違法建築を行う疑いがあるからといって、建築確認を差し止める法的権利はありません。したがって、建築確認の差止めを訴訟の提起によって請求することはできませんが、隣人の申請に対して建築確認をしていない場合に、建築確認を行わないように働きかける手段について見ていきましょう。

　まず、相応の証拠を示して、役所に対して注意を促すことは可能です。役所に対する陳情・上申となりますが、それによって建築主事などが厳密に審査し、法令に適合しない部分が見つかれば、建築確認は出されないことになるでしょう。

　また、役所から隣人に対して、任意に話し合いをもつように行政指導をしてもらうこともできます。その間は、建築確認がされなくても直ちに違法とはなりません。ただし、行政指導は相手方の任意を前提とするので、隣人が話し合いを拒絶すれば、手続きを進行しなければならない点に注意が必要です。

Question 4
他人の私道を含めて自宅の建築確認を受けたため、私道の所有者から建築確認の取消訴訟を提起されましたが、この訴えは認められるのでしょうか。

原則として私道の所有者による訴えは認められないと考えられます。

　たとえば、自宅の新築のために建築確認を受ける場合、このままでは接道義務をクリアすることができないと考え、公道と所有地の間にあって、公道に接する他人の私道を含めて建築確認を申請し、それが認められたというケースで考えてみましょう。その後、私道の所有者が、勝手に私道を道路に加えるのは心外だとして、建築確認の取消訴訟を提起した場合、その訴えは認められるのでしょうか。

　裁判例によると、原則として私道の所有者による訴えは認められないと考えられます。建築確認の審査は、提出された申請書面が建築基準法やその他の法令に適合することを確認するに過ぎず、建築主事などには、建築確認の申請者が、敷地の所有権や使用権を持っていることを確認する義務はないからです。申請書面に記載された敷地が接道義務を満たしていれば、その所有権や使用権の有無は問わないというわけです。

　ただし、建築確認の申請前に、私道の所有者が、あなたに建築確認をしないよう申し立てていた場合は、あなたの敷地が接道義務を満たさないと判断され、私道の所有者による訴えが認められる可能性が高いことに注意を要します。

第8章 ◆ Q&Aでわかる！建築基準法をめぐるその他の法律問題　217

建物の増改築を行う際に、どのような法律上の規制を受けるのでしょうか。

一定以上の増改築には建築確認が必要で、その他建築基準法の制限を受けます。

　増築とは、新たに部屋を建て増す場合のように、既存の建物に新たな部分を付属させることです。改築とは、建物の一部を取り壊して、その部分を新たに造り直すことです。この増築と改築をあわせて増改築といいます。増改築は模様替えとは異なります。模様替えは、元の建物の形状を生かして内部を改装する工事ですが、増改築は、建物全体の構造が変更されます。さらに、増改築は修繕とも異なります。修繕は、既存の建物を維持するための工事ですが、増改築は、既存の建物に新たな部分が加えられます。

　増改築に対しては建築基準法などによる規制があります。増改築を行うと、元々の建物とは異なる構造の建物が出来上がるため、当初の建物の完成時点では適法な建物であっても、増改築によって違法な建物となる可能性があります。

　そこで、増改築を行うことで一号建築物・二号建築物・三号建築物になる場合（32ページ記載の建築基準法改正予定に注意）の他、都市計画区域・準都市計画区域などにある建物の増改築については、建築確認が必要です。ただし、床面積の増加が10㎡以内の増改築は、原則として建築確認が不要です。

●建築基準法による道路斜線制限などの規制に注意する

　建築物を増改築するときは、建築基準法などによる規制が適用さ

れます。たとえば、平屋に２階部分を増築する場合は、建ぺい率や容積率の確認が必要です。２階部分に設置する屋根やひさしなども、自身の敷地を超えて隣地や道路に出ることは許されません。さらに、高さ制限もかかってきます。高さ制限は、構造種別、用途地域、道路による制限があります。平屋建ての自宅の場合は、住居系の用途地域であると予想されますが、その場合、特に道路による制限に注意してください。

　よく問題になるのは道路斜線制限です（82ページ）。前面道路の反対側境界線を起点として建物の方向に一定勾配の斜線を引き、建物の高さはその斜線の範囲（下）に納めなければならないという制限です。用途地域に応じて「一定勾配」は違いますが、住居系地域は1.25倍、商業系地域・工業系地域は1.5倍となります。そのため、２階部分の増築では、その屋根やひさしの高さは６ｍ程度までに制限されます。たとえば、前面道路の幅員が４ｍの場合は、敷地いっぱいに増築はできません。ただし、既存建物が前面道路から後退している場合は、道路斜線制限の緩和措置があります。

　その他、条例などでも高さや景観に制限を設けている場合があるので、関係機関や専門家に確認することをお勧めします。

■ 増改築に対する法律の規制

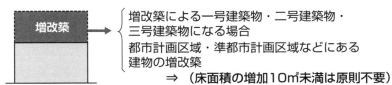

【建築基準法による規制】
　平屋に２階部分を増築　⇒　建ぺい率・容積率の確認が必要
　２階の屋根・ひさし　　⇒　隣地・道路にはみ出すことはできない
　高さ制限　　　　　　　⇒　道路斜線制限が特に問題になる

第８章 ◆ Q&Aでわかる！建築基準法をめぐるその他の法律問題　219

建築確認に不満がある場合には、どのような法的手段で争うことができますか。

建築確認は行政処分なので、不満がある場合は取消訴訟などで争うことになります。

　建築確認は行政処分なので、その結果に不満があれば、行政事件訴訟のうち取消訴訟によって争います。ただ、取消訴訟の提起は、行政処分で自らの法律上の利益が侵害される場合に認められるため、申請者（建築主）は取消訴訟を提起できるのに対し、近隣住民は取消訴訟を提起できるとは限りません。

　取消訴訟を提起できるか否かの判断は個別具体的に事例を検討して決定されますが、最高裁判所の判例は、近隣居住者の個人的利益も法律上の利益にあたるとしています。たとえば、建築計画通りの建物が建つと日照権が侵害される場合は、建築確認の取消訴訟の提起が認められる可能性があります。ただ、日照権は隣地所有者の権利とも相反し、常に認められるとは限らないため、相談者が負う侵害の程度を個別具体的に検討することが必要です。近隣住民が建築確認の取消しを求めたい場合、まず建築主と協議し、侵害の程度が大きければ取消訴訟の提起を検討することになるでしょう。

　なお、取消訴訟よりも簡易な手続きとして不服申立て（審査請求）があります。市町村や都道府県の建築審査会に対し、建築確認が違法または不当であるか否かの判断を仰ぐことができます。

新築した家で、夫婦共にシックハウス症候群による体調不良で悩まされています。建築業者に損害賠償を請求できるでしょうか。

建築材料や換気設備に関して、建築業者が違反していた場合は損害賠償請求が可能です。

　シックハウス症候群という言葉が使われるようになり、平成15年（2003年）施行の建築基準法改正などによって、シックハウス対策が強化されています。シックハウス症候群には、目の痛み、粘膜や皮膚の乾燥感、頭痛や呼吸困難、倦怠感といった様々な症状があります。建物の床・壁・天井などに使われている建材、家具や家庭用品などに使用されるホルムアルデヒドなどの有害な揮発性有機化合物、カビやダニなどによって室内の環境が汚染された結果、建物の中に居る人に起きる症状で、新築時や建替時に多く発生します。

　建築基準法では、住宅の新築時やリフォーム時に使う建築材料に、有害物質であるクロルピリホスとホルムアルデヒドを使用することを禁止したり、大幅に制限しています。これらの物質は、けいれん、吐き気、目まい、アトピー、喘息、アレルギーなどを引き起こすためです。また、住宅に換気設備の設置も義務付けています。したがって、まず使用している建材の詳細と換気設備について調査し、建築業者が法令を守っているかを確かめましょう。違反していた場合には損害賠償を求めることになります。具体的には、まずホルムアルデヒドの濃度を計測し、病院で診断書をもらった上で建築業者に連絡し、納得できないときは弁護士などに相談することが有効です。

自宅の横に高層ビルが建築されたため、日当たりが悪くなり困っています。住民には日照権があると聞きましたが、どのような権利なのでしょうか。

日照権は、健康的な生活のため、日当たりの確保を保護する権利です。

　日照権とは、日当たりを十分に確保して健康的な生活を送る権利のことで、日照の享受を法律上の保護の対象とするために、一定の権利として構成される権利です。日照権の主体は、その土地建物の所有者と居住者、借家人に限られています。

　たとえば、高さが低い家屋が集まる地域に高層ビルが建築された場合、ビルの陰になる家屋が発生します。

　建物の影になった場合、「家の中がじめじめする」「洗濯物が乾かない」といった悪影響が生じる可能性があります。そのため、日光を遮ってしまう場合には、日照権が問題となります。

　日照権についての法律上の規制には、たとえば建築基準法による日影規制があります。日影規制は、隣地に落ちる影の時間を制限しています。たとえば一定の高さの建物を建てるときは、敷地境界から一定の距離の部分に、一定の時間以上の日影を作ってはならないという形で規制されます。なお、この規制の対象となる建物は、用途地域により異なります。

　また、建築基準法には、結果的に日照の確保につながる規制として、敷地に対する建物の面積の割合を示す建ぺい率についての定めや建物総面積の割合を示す容積率、高さ制限などがあります。

　さらに、北側隣地の境界線からの一定距離における建物の高さを

222

制限する北側斜線制限という規制もあります。

●日照権侵害と損害賠償

　日照権が侵害された場合には、日光を遮っている者に対して損害賠償請求や差止請求を行います。しかし、日光が遮られているとしてもそれだけで損害賠償請求などが裁判所に認められるわけではありません。日光が遮られている時間はどのくらいか、建物を建築した者が周囲の日照状況に配慮したかといった点を考慮して、損害賠償請求の当否を決めることになります。

　民法で定める不法行為に基づく損害賠償請求や差止請求が認められるためには、まずは権利に対する侵害が必要です。殴られたことによって骨折した場合などのように、生命・身体が侵害されるという行為は、「権利に対する侵害行為」であると容易に判断できます。

　本ケースの場合、自宅の横に高層ビルが建って、全く日が当たらなくなってしまったようなケースです。これは、最低限度の日照を守るための「日照権の妨害」だといえますが、日照が妨害されれば直ちに不法行為が成立するわけではありません。

　まずは、その日照妨害が、互いに我慢するべき範囲（受忍限度）を超えているかの判断によって決定されることになります。受忍限度を超えているかどうかはケース・バイ・ケースであり、個別の状況に応じて具体的に判断されます。

　したがって、裁判所では、おもに法が定める日影規制に対する違反の有無、被害の程度、地域の特性、先住性、加害建物と被害建物の用途や性格などを総合して判断されます。加害建物の用途や性格も、受忍限度を判断する際には重要な判断要素となる点に注意が必要です。

　その上で受忍限度を超えていると判断された場合には、損害の賠償を請求することができます。

【監修者紹介】
木島　康雄（きじま　やすお）

1964年生まれ。京都大学法学部卒業。専修大学大学院修了。予備試験を経て司法試験合格。弁護士（第二東京弁護士会）、作家。過去40冊以上の実用書の公刊、日本経済新聞全国版でのコラム連載と取材の他、多数の雑誌等での掲載歴あり。現在、旬刊雑誌「税と経営」にて、400回を超える連載を継続中。作家としては、ファンタジー小説「クラムの物語」（市田印刷出版）を公刊。平成25年、ラブコメディー「恋する好色選挙法」（日本文学館）で「いますぐしよう！作家宣言２」大賞受賞。平成30年７月には「同級生はＡＶ女優」（文芸社）、令和４年４月には「認知症尊厳死」（つむぎ書房）同年10月には「真、桶狭間」（文芸社）を発表。
弁護士実務としては、相続、遺言、交通事故、入国管理、債権回収、債務整理、刑事事件等、幅広く手がけている。
主な監修書として、『図解で早わかり 改訂新版 刑法のしくみ』『図解で早わかり 行政法のしくみ』『小さな事業者【個人事業主・小規模企業】のための法律と税金 実務マニュアル』『図解とＱ＆Ａでわかる 建築基準法・消防法の法律知識』（小社刊）などがある。

木島法律事務所
〒134-0088　東京都江戸川区西葛西６丁目12番７号　ミル・メゾン301
TEL：03-6808-7738　FAX：03-6808-7783

すぐに役立つ
入門図解　これだけは知っておきたい！
建築基準法のしくみ

2024年９月20日　第１刷発行

監修者	木島康雄	
発行者	前田俊秀	
発行所	株式会社三修社	
	〒150-0001　東京都渋谷区神宮前2-2-22	
	TEL　03-3405-4511　FAX　03-3405-4522	
	振替　00190-9-72758	
	https://www.sanshusha.co.jp	
印刷所	萩原印刷株式会社	
製本所	牧製本印刷株式会社	

©2024 Y. Kijima Printed in Japan
ISBN978-4-384-04948-0 C2032

JCOPY 〈出版者著作権管理機構 委託出版物〉
本書の無断複製は著作権法上での例外を除き禁じられています。複製される場合は、そのつど事前に、出版者著作権管理機構（電話 03-5244-5088　FAX 03-5244-5089 e-mail: info@jcopy.or.jp）の許諾を得てください。